# Islã: Religião e Civilização

PAULO GABRIEL HILU
DA ROCHA PINTO

# Islã: Religião e Civilização

## Uma Abordagem Antropológica

EDITORA
SANTUÁRIO

Cultura e Religião

Diretor Editorial:
Marcelo C. Araújo

Editores:
Avelino Grassi
Márcio F. dos Anjos

Coordenação Editorial:
Ana Lúcia de Castro Leite

Copidesque:
Bruna Marzullo

Revisão:
Lessandra Muniz de Carvalho

Capa e Diagramação:
Simone Godoy

Coordenador da Coleção: Rodrigo Portella

Cultura e Religião

**Dados Internacionais de Catalogação na Publicação (CIP)**
**(Câmara Brasileira do Livro, SP, Brasil)**

Pinto, Paulo Gabriel Hilu da Rocha
Islã: religião e civilização: uma abordagem antropológica / Paulo Gabriel Hilu da Rocha Pinto. – Aparecida, SP: Editora Santuário, 2010. (Cultura e Religião)

ISBN 978-85-369-0197-8

1. Civilização islâmica 2. Cultura 3. Islã – Civilização 4. Islã – História 5. Islamismo – História I. Título. II. Série.

10-07278 CDD-297

**Índices para catálogo sistemático:**
1. Islã: Cultura islâmica: Abordagem antropológica 297



Composição, CTcP, impressão e acabamento:
**EDITORA SANTUÁRIO** - Rua Padre Claro Monteiro, 342
12570-000 — Aparecida-SP — Fone: (12) 3104-2000

# Sumário

Para Nuri

*Ya qalbi, ya ruhi, ya ibni*

# Apresentação

Este livro foi escrito como um texto introdutório sobre o islã para um público não especializado no assunto, porém interessado em adquirir o instrumental analítico necessário para compreender melhor o universo religioso e civilizacional do mundo muçulmano. Nos capítulos que se seguem são apresentados os principais elementos doutrinais e rituais do sistema religioso islâmico, assim como os marcos factuais da história da civilização islâmica que considero relevantes para uma compreensão empiricamente embasada do mundo muçulmano.

No entanto, este livro não é um simples compêndio de fatos sobre o islã, nem um somatório de trabalhos que daria ao leitor o "*state of the art*" de determinada área dos estudos islâmicos. A análise que faço da história islâmica é informada pela pesquisa etnográfica que venho realizando desde 1999 sobre o sufismo na Síria contemporânea,[1] assim como pelo trabalho de campo que faço desde 2003 nas comunidades muçulmanas no Brasil. Os dados etnográficos usados aqui

[1] Realizei trabalho de campo na Síria de 1999 a 2001 e, depois, realizei pesquisas etnográficas mais curtas, com duração de um a dois meses, em 2002, 2005, 2006, 2007, 2008 e 2009.

também provêm de experiências de campo mais pontuais sobre diferentes aspectos do islã que tive no Líbano, em Marrocos, no Egito, na Jordânia, na Turquia e no Irã; assim como junto a comunidades muçulmanas na Argentina, no Paraguai, nos Estados Unidos, na França, na Alemanha, na Holanda, na Dinamarca e na Suécia.

A narrativa do texto é guiada por um quadro analítico construído a partir do instrumental conceitual da antropologia. A perspectiva teórica adotada neste livro visa permitir uma compreensão do mundo muçulmano que leve em consideração a sua pluralidade cultural e histórica. Por isso, por mais abrangentes que sejam os dados aqui apresentados, não se trata de uma obra que pretenda ser uma exposição exaustiva sobre a civilização islâmica. A leitura deste livro pode ser complementada pela leitura das histórias gerais de Albert Hourani (1994) e Ira Lapidus (1988), da antropologia histórica de Charles Lindholm (2002) e da *suma antropológica* feita por Dale Eickelman (2002), assim como pelas demais obras listadas na bibliografia.

Por fim, este livro propõe uma abordagem antropológica do islã, ou seja, ele se ocupa do islã enquanto fenômeno social e cultural, e não enquanto verdade teológica. Assim, todo tipo de crenças, rituais e práticas elaborados, realizados ou reivindicados por pessoas que se identificam como muçulmanos faz parte do objeto de estudo deste livro, independentemente do fato de eles poderem ser criticados e/ou condenados por outros muçulmanos. O islã tratado neste livro é aquele que existe nas práticas, nos discursos e nas subjetividades de todos aqueles que se identificam como muçulmanos. Os leitores interessados em uma abordagem religiosa do islã devem procurar, além do Alcorão e das coleções de Hadith, obras de cunho teológico ou a literatura produzida por teólogos, líderes religiosos ou intelectuais islâmicos. Do mesmo modo, as formas de radicalismo e violência praticadas em nome do islã são tratadas aqui como fenômenos sociais cujos contextos e processos de construção devem ser analisados e compreendidos para além dos discursos estigmatizantes sobre o "terrorismo islâmico".

Assim, creio que esse livro vai preencher uma demanda por estudos acadêmicos sobre o islã que o mercado editorial brasileiro não está atendendo plenamente. As traduções de livros sobre o islã para o português, embora já incluam autores importantes como Albert Hourani e Clifford Geertz, tendem a privilegiar obras de cunho jornalístico voltadas para o radicalismo islâmico. A produção nacional sobre o islã costuma ter um caráter ensaístico, sendo raramente baseada em pesquisa empírica. Espero que as teses de mestrado e doutorado sobre diferentes aspectos das comunidades muçulmanas no Brasil e no exterior que vêm sendo produzidas nas universidades brasileiras consigam um dia atrair a atenção do mercado editorial e possam contribuir para a consolidação no Brasil dos estudos acadêmicos sobre temáticas ligadas ao islã.

É extremamente difícil fazer agradecimentos em um livro como este, pois ele reúne resultados das pesquisas que realizei nesses dez anos de relação intelectual com diferentes partes do mundo muçulmano, o que faz com que a lista de pessoas que me ajudaram nessa trajetória seja demasiado grande. Porém alguns agradecimentos se fazem necessários.

Em primeiro lugar gostaria de agradecer a todos os muçulmanos e muçulmanas que me acolheram como pesquisador, repondendo minhas incessantes perguntas e aceitando minha presença em suas comunidades religiosas, em seus locais de trabalho e em sua vida familiar. Alguns me ofereceram muito mais do que o saber etnográfico que me faz antropólogo, agraciando-me com sua insuperável hospitalidade e duradoura amizade. Espero que este livro esteja à altura de todas as dádivas que recebi nesses anos.

Agradeço aos meus colegas e amigos do Departamento de Antropologia da Universidade Federal Fluminense, que sempre apoiaram minhas atividades de pesquisa e ofereceram um ambiente acadêmico onde pude desenvolver minhas reflexões sobre o islã em um interessante debate intelectual.

Também gostaria de agradecer às agências de fomento que financiaram minhas pesquisas desde 1999. À Capes, cuja bolsa de doutorado me permitiu fazer meu primeiro trabalho de campo na Síria. Ao CNPq e à Faperj, cujas Bolsa de Produtividade em Pesquisa e Bolsa Jovem Cientista do Nosso Estado, respectivamente, permitiram-me realizar os trabalhos de campo mais recentes no Brasil e na Síria.

As palavras árabes foram transliteradas usando uma versão simplificada do sistema do *International Journal of Middle East Studies*. O plural árabe foi colocado entre parênteses, quando necessário, e o plural no texto foi feito se adicionando um "s" à palavra árabe. A única exceção foi *'alim*/*'ulama*, na qual o plural árabe foi usado sem a adição de "s" no final.

# Introdução

Em março de 2008, o Vaticano anunciou que o número de muçulmanos ultrapassara o número de católicos. O número estimado de 1,3 bilhões de adeptos faria do islã a denominação religiosa mais numerosa da Terra. A notícia ressaltava ainda o grande crescimento do islã em contraste com a estabilização percentual do número de católicos na população mundial. Embora a notícia enfatizasse a crescente "presença" islâmica no mundo, o texto reconhecia que esta ainda estaria longe do número alcançado pelas denominações cristãs somadas, o qual chegaria a 2 bilhões de fiéis.[2]

A repercussão que essa notícia teve, sendo amplamente veiculada pela mídia internacional, deriva do fato de que o número de muçulmanos no mundo é mais que um simples dado demográfico, pois possui dimensões políticas e simbólicas importantes. O islã é frequentemente construído pelo imaginário cultural e discurso político das sociedades euro-americanas como uma alteridade radical. Segundo essas visões, o islã seria dotado de qualidades negativas – irracionalidade, fanatismo, autoritarismo, opressão às mulheres, violência e tradicionalismo – contrastadas às que definiriam o "mundo ocidental" – razão, tolerância, liberdade, igualdade e modernidade. Os estereótipos

[2] http://uk.reuters.com/article/topNews/idUKL3068682420080330.

mobilizados para produzir as construções estigmatizantes do "islã", as quais ganharam mais força após os atentados de 11 de setembro de 2001 nos EUA, derivam em grande parte dessas representações culturais, as quais foram sistematizadas pela tradição intelectual do orientalismo europeu.

O orientalismo se constituiu em um campo intelectual relativamente autônomo na Europa, a partir do século XVIII. A constituição do campo intelectual orientalista foi justificada, pelo menos na sua dimensão mais evidentemente ideológica, pelo pressuposto de que o mundo muçulmano constituiria uma unidade cultural homogênea cujos princípios organizacionais seriam ditados pelos textos sagrados do islã (Said, 1990). Assim, a produção dos estudiosos orientalistas tendia a desconsiderar a pluralidade de tradições culturais e processos históricos existente nas diversas sociedades de maioria muçulmana em prol de uma essencialização a-histórica do textos normativos do islã.

Evidentemente a imagem de universos civilizacionais simetricamente opostos, "islã" e "Ocidente", não passa de uma construção ideológica baseada em generalizações fáceis de estereótipos que ocultam a diversidade e as contradições de ambos. Embora seja historicamente correto apontar que a democracia liberal tenha emergido na Europa e na América do Norte nos séculos XVIII e XIX, frequentemente se esquece de incluir na narrativa sobre o "Ocidente" que a inquisição, o fascismo, o nazismo, o stalinismo e as ditaduras latino-americanas também são criações da civilização ocidental euro-americana.

Do mesmo modo, os exemplos de autoritarismo e intolerância existentes no mundo muçulmano – tais como as ditaduras e monarquias despóticas existentes nos países árabes, o regime dos Talibãs no Afeganistão ou a perseguição aos Baha'is no Irã sob a República Islâmica – não podem ser ignorados como o simples fruto de um desvio dos "verdadeiros" princípios do islã. Esse é um discurso recorrente na apologética muçulmana construída em reação ao discurso estigmatizante ocidental. Por outro lado, os processos históricos e as conexões culturais específicas que geraram cada um desses fenômenos não podem ser reduzidas à presença de um "islã" genérico.

A tradição islâmica também criou fórmulas de coexistência com a alteridade religiosa que permitiram que no decorrer de sua história as sociedades muçulmanas aceitassem e institucionalizassem a presença de fiéis de outras religiões (cristãos, judeus, budistas e hindus) no seu interior. Contemporaneamente alguns países de maioria muçulmana, como Turquia e Indonésia, vêm passando por importantes processos de democratização, e outros, como Irã, Líbano e Egito, possuem uma vibrante sociedade civil que frequentemente entra em choque com o caráter autoritário e/ou excludente de seus regimes políticos.

Mesmo um olhar superficial não pode deixar de perceber a enorme diversidade histórica, cultural e política do mundo muçulmano. Para além das divisões sectárias entre sunitas (cerca de 85% dos muçulmanos) e xiitas (15%) existe uma enorme diversidade nas formas de se interpretar, praticar e vivenciar o islã que existe nos diferentes grupos sociais e tradições culturais que compõem o mundo muçulmano. Os países de maioria muçulmana estendem-se em uma faixa que vai do norte da África, com o Marrocos e a Mauritânia no extremo ocidental, ao sudeste asiático, com a Indonésia no extremo oriental. Embora seja corrente no imaginário ocidental associar o islã aos países árabes do Oriente Médio, os árabes muçulmanos[3] não são demograficamente dominantes no mundo muçulmano.

A região com o maior número de muçulmanos é o subcontinente indiano, onde cerca de 400 milhões de fiéis se distribuem pelo Paquistão, por Bangladesh, pela Índia e pelo Sri Lanka. O país com a maior população muçulmana é a Indonésia, onde cerca de 90% do seus 200 milhões de habitantes segue o Islã. Além disso, no correr do século XX, importantes comunidades muçulmanas constituíram-se em boa parte dos países europeus e americanos. Existem entre 5 e 6 milhões de muçulmanos nos Estados Unidos, 4 e 5 milhões na França, 3 milhões na Alemanha, 1,6 milhão no Reino Unido, 1 milhão na Espanha e 700.000 na Holanda. Na América do Sul existem comunidades muçulmanas expressivas no Brasil (cerca de 1 milhão), na Argentina (entre 750.000 mil e 1 milhão) e no Suriname (20% da população).

Os dados sobre os muçulmanos na Europa e na América devem ser vistos como estimativas aproximadas, pois não existem censos ou estatísticas confiáveis sobre as comunidades muçulmanas. Os números sobre as comunidades muçulmanas são alvo de uma intensa disputa informada pelas diferentes agendas políticas que orientam o debate público sobre o islã. Por exemplo, nos Estados Unidos as instituições islâmicas tendem a inflacionar o número de muçulmanos, enquanto as organizações conservadoras e/ou pró-israelenses procuram minimizar a presença islâmica no país

---

[3] Embora a grande maioria dos árabes seja muçulmana, cerca de 10% dos árabes no Oriente Médio e Norte da África são cristãos de diversas denominações (grego-ortodoxos, maronitas, melquitas, católicos romanos, protestantes etc.). Existem ainda árabes seguidores de outras religiões (judeus, mandeus etc.) e sem religião.

em uma disputa por poder de pressão política através do "peso eleitoral" da comunidade (Cesari, 2004: 22-23; Kepel, 1997: 44-78). Mesmo no Brasil, onde a politização dos números não é tão evidente, a imprecisão é gritante. O censo de 2000 afirma existirem 27.239 muçulmanos no Brasil, enquanto as instituições islâmicas falam de 1 a 3 milhões de adeptos do islã no país.

A essa pluralidade geográfica, étnica e cultural – que inclui árabes, iranianos, indianos, chineses, franceses, americanos e brasileiros, entre muitos outros – soma-se uma enorme diversidade nas formas de interpretação, prática e experiência do islã. A ideia de que o islã teria uma essência fixa que seria reproduzida independentemente do contexto histórico e cultural no qual ele se constitui como fenômeno social é empiricamente falsa. A legitimidade, a forma, o significado e os efeitos práticos de doutrinas, rituais e formas de ser muçulmano variam através das fronteiras culturais, de acordo com os diferentes grupos de uma mesma sociedade e, ainda, segundo as trajetórias individuais.

Por exemplo, na Síria, o sufismo, a forma mística do islã, conecta os diversos entendimentos e práticas do islã, estando presente das formulações teológicas dos *'ulama* (especialistas da religião) ao culto popular dos santos e seus milagres. Já na Arábia Saudita o sufismo é proibido, pois, segundo o wahhabismo, a corrente religiosa dominante no país, as doutrinas e práticas sufis constituiriam uma forma de "inovação condenável" (*bida'*) e superstição não islâmica. No Egito o sufismo tem uma presença exuberante na vida religiosa, e certas formas de sufismo contam com o reconhecimento (e controle) do Estado através do Conselho Supremo das Ordens Sufis. Os famosos *mulids* (festas de santo) do Cairo, de Disuq e de Tanta atraem milhões de peregrinos, constituindo ao mesmo tempo grandes manifestações de devoção popular e arenas de entretenimento em massa. Por outro lado, existe em parte da população egípcia uma grande rejeição ao sufismo informado pelo movimento reformista da salafiyya e ao wahabbismo saudita, que condenam o misticismo como um desvio do "verdadeiro" islã.

De forma similar, no mundo xiita existe uma enorme variedade de formas de celebração da 'Ashura, o período de dez dias no início do ano lunar do calendário islâmico que marca o martírio de Hussein, o neto de Muhammad, em uma batalha nas planícies de Karbala em 680 a.d. No Líbano e no Irã, esse período cerimonial era tradicionalmente marcado por representações e recitações do drama de Karbala (*ta'ziya*) e grandes procissões, nas quais grupos de penitentes praticavam a autoflagelação batendo as mãos no peito ou na cabeça (*tatbir*), ou, em alguns casos, cortando a testa com facas e navalhas (*latam*) para que o sangue escorresse pelo rosto em sinal de luto.

As celebrações da 'Ashura declinaram na primeira metade do século XX, quando eram associadas a um tradicionalismo popular e rural. Elas foram proibidas por governos autoritários modernizadores, como o do Xá Reza Pahlevi, no Irã, ou hostis à expressão pública das identidades xiitas, como o de Saddam Hussein, no Iraque. No entanto, os rituais e procissões da 'Ashura ganharam novos significados e força cultural durante a Revolução Iraniana de 1979, quando foram mobilizados para expressar a oposição ao governo do Xá, e durante a Guerra Civil Libanesa (1975-1990), quando serviram para afirmar a identidade xiita dentro do universo político e cultural do Líbano.

No Irã, a República Islâmica favorece e promove grandes procissões durante a 'Ashura com exuberantes manifestações de luto, mas proibe o uso de objetos cortantes na autoflagelação, considerando o derramento de sangue como uma superstição não islâmica. No Líbano pós-1990, as celebrações da 'Ashura transformaram-se em uma arena de debates religiosos. Os seguidores de importantes cléricos xiitas de Beirute, como Said Hussein Fadlallah, e do Hizbollah seguem a linha modernista de condenar a autoflagelação com objetos cortantes (*latam*).[4] Já os seguidores de cléricos xiitas do sul do Líbano e do movimento xiita AMAL consideram o uso de objetos cortantes parte integral dos rituais da 'Ashura e criticam os que condenam tal prática como "extremistas".

Já na pequena comunidade xiita duodecimana da Síria o luto por Hussein é expresso nos rituais da 'Ashura apenas pelo choro dos participantes, sem que nenhuma forma de autoflagelação o acompanhe. Por fim, se as cerimônias da 'Ashura no Oriente Médio possuem um tom de tristeza e penitência, entre os muçulmanos xiitas da ilha caribenha de Trinidad y Tobago, a 'Ashura tornou-se uma celebração festiva. Os tambores da procissão são acompanhados de danças e consumo de bebidas alcoólicas por parte da população local (Deeb, 2006; Korom, 2003; Norton, 2007; Richard, 1995).

Mesmo o símbolo icônico do islã no imaginário ocidental, o véu, apresenta uma enorme diversidade de interpretações e usos que variam de acordo com cada contexto cultural e social. A recomendação corânica de que as mulheres devem se

[4] O Hizbollah tem colocado caminhões com equipamento para coleta de sangue para hospitais junto às procissões da 'Ashura nas comunidades xiitas do Líbano. Essa é uma forma do movimento tentar reconfigurar a prática ritual através do oferecimento de alternativas modernistas àqueles que consideram o derramamento do próprio sangue como uma expressão de devoção a Hussein (Norton, 2007).

vestir modestamente e cobrir seus encantos, a não ser para os seus maridos e homens da sua família nuclear (Alcorão XXIV: 31), foi compreendida e apropriada de diferentes formas na história das sociedades muçulmanas. Assim, na Arábia Saudita e em boa parte da Península Arábica, as mulheres usam o *niqab*, que cobre todo o corpo da mulher com exceção das mãos e dos olhos; no Irã, a forma tradicional de véu consiste em um longo pano, o *chador*, que envolve o corpo da mulher, mas deixa o rosto à mostra; no Paquistão, o véu é uma echarpe usada para cobrir os cabelos, mas permite a visão do rosto feminino. Se no Afeganistão a *burqa* impede totalmente a visão das formas do corpo feminino, ocultando até mesmo os olhos com uma gaze de tecido, entre as jovens de classe média da Síria, Líbano e Turquia, o *hijab* (lenço usado para ocultar os cabelos) é frequentemente combinado com calças jeans justas que realçam as formas do corpo.

Os motivos e significados que acompanham o uso do véu islâmico em suas várias manifestações também variam de acordo com cada contexto social. Em alguns países muçulmanos, como Irã, Arábia Saudita e Sudão, o veú é obrigatório para todas as mulheres, as quais procuram afirmar sua autonomia em relação à regra estatal negociando os limites do permissível em termos de moda e conveniência.[5] Já em outros países como a Turquia, Tunísia e Síria, o véu não apenas não é obrigatório como é desencorajado pelo Estado. Nesses locais a adoção (ou não) de diversos estilos de véu expressa uma interpretação específica do

[5] Basta ver o intenso debate sobre a repressão ao *bad hijab* (véu incorreto) que ocorreu no Irã após a eleição de Mahmud Ahmadinejad como presidente em 2007.

islã e uma certa relação pessoal tanto com a religiosidade quanto com a modernidade estatal. Assim, o uso do *hijab* ou do *niqab* na Síria e no Egito, onde um número significativo de mulheres não usa véu nenhum, serve para afirmar formas específicas de vivenciar o espaço público enquanto muçulmanas, ao mesmo tempo em que afirmam a autonomia moral dessas mulheres e seus grupos sociais em relação ao "feminismo oficial" promovido pelos Estados seculares e, por vezes, autoritários.

Diante dessa diversidade se coloca a pergunta: Como compreender o islã enquanto fenômeno social? Evidentemente a ideia de que existiria uma "essência" que se reproduziria perfeitamente em todos os diferentes momentos históricos e contextos culturais mostra-se por demasiado simplista e ideológica ao ignorar a pluralidade de interpretações, práticas e experiências que constituem o universo de referências religiosas delimitado pelo termo "islã". Diante disso, alguns autores seguem a linha analítica sistematizada por antropólogos, como o egípcio Abdul Hamid el-Zein (1977), o americano Clifford Geertz (1973) e o britânico Michael Gilsenan (2000 [1982]), segundo a qual existiriam diferentes formas de islã, cada qual determinada por seu contexto cultural particular. Desse modo o islã seria uma categoria vazia que só adquiriria algum significado dentro dos limites de cada cultura.

Os méritos e a importância dessa perspectiva são evidentes, já que as diferenças culturais dentro do mundo muçulmano efetivamente produzem uma enorme variedade de formas de definir, praticar e vivenciar o islã. Porém, ela não é suficiente para compreendermos uma religião universal como o islã. Embora os significados e práticas que constituem o universo religioso do islã sejam construídos e vividos localmente, esses processos existem em um diálogo constante com textos, discursos, práticas, objetos, imagens e pessoas que circulam em diversas arenas supralocais.

A referência comum a textos sagrados e tradições rituais cria canais de comunicação religiosa que permitem a construção não só de discursos, mas também de níveis de experiência que têm como horizonte religioso a comunidade imaginada[6] do conjunto dos muçulmanos (designada como *umma*). Os rituais que implicam no deslocamento e congregação de muçulmanos de diferentes partes do mundo, tais como a peregrinação a Meca (*hajj*), reforçam a consciência das diferenças locais ao mesmo tempo que suscitam a busca de denominadores comuns aos muçulmanos.

Na história das sociedades muçulmanas esse processo serviu de base para movimentos reformistas que reivindicavam uma "volta" aos princípios básicos do islã para além das modificações e acréscimos gerados pelas histórias e culturas locais, em uma tentativa de restaurar a comunidade da época de Muhammad. Esses movimentos reformistas foram modificados pelas sociedades que os adotaram, mas também transmitiram a estas modelos de religiosidade supralocais que criaram esferas de troca e diálogo com outras áreas do mundo muçulmano.

Por exemplo, o movimento sufi da Mujadidiyya, que foi iniciado na Índia por Ahmad Sirhindi no século XVII, pregava uma estrita observância das regras corânicas em oposição à crescente fusão de práticas religiosas entre muçulmanos e hindus e serviu de base para importantes movimentos de reforma e renovação religiosa no século XIX e XX, no Império

[6] A ideia de "comunidade imaginada" foi elaborada por Benedict Anderson em sua análise da história do nacionalismo (1991).

Otomano, na Indonésia e no Turquestão Chinês (Weismann, 2007). Um exemplo mais contemporâneo pode ser visto nos processos de transformação religiosa e afirmação de uma identidade pública entre os xiitas da Síria que foram suscitados pela consolidação, desde 1980, de rotas de peregrinação em massa conectando o Irã ao santuário de Sayda Zaynab, perto de Damasco (Pinto, 2006).

Assim, apesar das diferenças culturais, em diversos contextos históricos, muitos muçulmanos reconheceram-se nas práticas e discursos de muçulmanos de outras sociedades e construíram suas subjetividades religiosas com elementos retirados de realidades religiosas tanto locais quanto supralocais. Esses processos implicaram um constante debate sobre os limites e o conteúdo do que se pode definir como islã, frequentemente com acusações e denúncias mútuas de "desvio", "apostasia" ou "heresia" por parte dos diferentes grupos envolvidos no debate.

Por exemplo, muitos grupos salafitas e os wahhabitas consideram o sufismo como um desvio do "verdadeiro" islã, ao que os sufis da Síria respondem acusando ambos de dividirem e provocarem a discórdia na comunidade dos muçulmanos (Buti, 1998) e dizem ser, eles próprios, a "elite da religião" (*khasat al-din*). Mesmo elementos dos "5 pilares" que definiriam o islã não podem ser tomados como universais, como as orações coletivas ou a peregrinação a Meca, uma vez que certos grupos, como os alevis e druzos, não costumam praticá-los sistematicamente.

Ao invés de tentar descobrir um denominador comum que constitua uma essência trans-histórica do islã, devemos focar nos *processos* de construção, apropriação e prática de modelos normativos que se pretendem universais para os muçulmanos. Textos sagrados, doutrinas e rituais devem ser primeiramente analisados na forma como são apropriados, transformados ou excluídos nas construções normativas do islã que circulam entre os muçulmanos em cada contexto social. Tão importantes quanto o conteúdo simbólico e moral dessas referências canônicas são as relações sociais que se organizam em torno delas e o modo como essas relações permitem que elas informem e moldem a constituição das subjetividades e das práticas religiosas dos muçulmanos.

Assim, para compreender o islã, é necessário analisar como referências religiosas são articuladas em um modelo normativo inscrito na história, ou seja, em uma *tradição*. Essa perspectiva dialoga com a obra do antropólogo Talal Asad, que definiu tradição como:

> discursos que visam instruir os praticantes a respeito do propósito e da forma correta de uma determinada prática que, precisamente porque foi estabelecida, tem uma história. Esses discursos se relacionam conceitualmente com um passado (quando a prática foi estabelecida, e a partir do qual o conhecimento sobre seu propósito e performance correta foi transmitido) e um futuro (como o propósito daquela prática pode ser mais bem assegurado no curto e no longo prazo ou porque ela deveria ser modificada ou abandonada) através de um presente (como ela é ligada a outras práticas, instituições e condições sociais) (Asad, 1986: 14).

Uma tradição, no sentido que é dado aqui a esse conceito, não é a simples transmissão de construções culturais de uma geração a outra. Tradições religiosas, como o islã, estão em um constante processo de atualização e recriação de seus modelos normativos, cujos elementos constitutivos podem ser ressignificados e modificados em cada momento histórico e contexto cultural. A tradição religiosa visa a constituição de uma "ortodoxia" que regule os discursos e práticas dos adeptos de uma religião. Assim, a ortodoxia é uma relação de poder que dá força normativa a uma determinada construção da tradição. No caso do islã:

> onde quer que muçulmanos tenham o poder de regular, sustentar, exigir ou ajustar práticas corretas, e condenar, excluir, minar ou substituir práticas incorretas, existe o domínio da ortodoxia (...) Debate e conflito sobre a forma e a relevância de práticas são assim uma parte natural de qualquer tradição islâmica (Asad, 1986: 15-16).

Assim, este livro pretende oferecer instrumentos para a compreensão do islã tanto na sua pluralidade quanto nos processos que permitem que muçulmanos de diferentes culturas e universos sociais se identifiquem com uma comunidade imaginada como universal. Obviamente um estudo exaustivo seria impossível de ser feito neste livro. Por isso privilegiarei as principais linhas de força que caracterizaram a formação da tradição islâmica, a constituição das principais subtradições religiosas (sunismo, xiismo e sufismo) e suas transformações contemporâneas.

# 1

# Constituição da tradição: A revelação e os "5 Pilares"

Neste capítulo pretendo apresentar e analisar as "referências canônicas" que estão presentes na grande maioria das construções da tradição islâmica e que são tomadas por uma grande parte dos muçulmanos como o "denominador comum" que definiria o pertencimento ao islã. Essas referências são a figura do profeta Muhammad, também conhecido como Maomé; o texto sagrado do Alcorão; as injunções doutrinais e rituais conhecidas como os "5 pilares" do islã; as coleções de tradições sobre a vida do profeta conhecidas como Hadith; e a lei islâmica ou sharia.

## O profeta: A vida e trajetória de Muhammad

Como em todas as religiões reveladas, no islã a figura do mensageiro divino adquiriu um caráter exemplar, condensando nos seus discursos, atos e trajetória biográfica os valores morais que deveriam ser emulados pelos fiéis. Tanto sunitas quanto xiitas consideram que Muhammad foi o "homem perfeito" (*al-insan al-kamil*). Assim, não só a mensagem transmitida pelo profeta, mas também a sua *persona* social e trajetória biográfica foram objeto de codificação e exegese religiosa durante a história do islã.

As principais fontes para o estudo da vida de Muhammad são o texto do Alcorão, que se refere a vários episódios que marcaram a vida do profeta, as coleções de Hadith ou tradições orais sobre a vida do profeta, e a Biografia do Profeta (*Sirat al-Nabawi*) compilada por Ibn Ishaq (m. 768 ou 769) e posteriormente editada e revisada por Ibn Hisham (m. 833 ou 834). Embora o número de fontes sobre Muhammad seja relativamente grande, a construção de uma abordagem histórica de sua vida enfrenta vários desafios.

O texto do Alcorão, que é a fonte mais antiga, apresenta apenas referências esparças e muitas vezes sumárias a alguns episódios da vida do Profeta. A fonte mais rica em informação, que é a biografia de Ibn Ishaq/Ibn Hisham, é um texto bastante tardio que só teve sua forma final fixada no século IX, quando também foram compiladas as principais coleções de Hadith. Além disso, a inexistência de fontes não muçulmanas sobre a vida de Muhammad, que sejam contemporâneas a ele, faz com que seja praticamente impossível construir uma biografia histórica fora do quadro de referências criado pela *persona* profética que foi elaborada durante os primeiros séculos do islã. Assim, ressaltarei aqui os principais momentos biográficos que constituem essa *persona* profética, procurando mostrar na medida do possível o contexto social ao qual eles remetem.[7]

[7] Esse curto esboço da biografia de Muhammad é baseado no Alcorão e na biografia de Ibn Hisham (além do texto original em árabe, o leitor pode remeter-se às traduções em inglês e francês), além de nas biografias do Profeta feitas por Emile Dermenghem (1944) e Maxime Rodinson (2002).

Muhammad (*Muhammad*) nasceu em 570 a.d., em Meca, na Península Arábica, no clã Banu Hashim da tribo Quraysh. No século VI, Meca havia se tornado a principal cidade da Península Arábica, concentrando as rotas das caravanas que ligavam os portos do Iêmen e do Golfo Pérsico às regiões centrais dos impérios Bizantino e Sassânida. Essas rotas comerciais eram controladas por tribos beduínas que viviam em constante interação econômica e cultural com a população sedentária das cidades e dos oásis cultivados. Meca também era um importante centro religioso, pois o seu santuário, a Caaba, reunia ídolos que eram cultuados pelas tribos nômades e era o centro de uma peregrinação anual. A tribo de Quraysh dominava Meca e controlava a Caaba, lucrando bastante com a peregrinação anual. Além do politeísmo em suas várias formas, o judaismo e o cristianismo possuíam muitos adeptos entre os árabes. Existiam ainda os *hanif*, árabes monoteístas que não eram nem judeus nem cristãos.

Muhammad, que pertencia a um clã com pouco poder dentro da tribo de Quraysh, cresceu nesse ambiente multicultural onde várias concepções religiosas circulavam. Sendo órfão de pai, foi criado pelo avô e por um tio, Abu Talib. Quando adulto, Muhammad dedicou-se ao comércio de caravanas, casando-se com Khadija, uma viúva mais velha que ele e que havia enriquecido com o comércio caravaneiro. Nessa época Muhammad teria ido a Bosra, no sul da Síria bizantina. Nessa cidade, segundo a tradição islâmica, Bahia, um monge cristão, teria predito que ele viria a ser um profeta. Na Síria, Muhammad deve ter entrado em contato com o cristianismo nestoriano, cuja doutrina enfatizava a natureza humana de Cristo, como faria mais tarde o islã.

Muhammad costumava retirar-se para meditar e rezar nas montanhas ao redor de Meca e, segundo uma tradição atribuída a Ibn Ishaq, mas ausente da edição de Ibn Hisham (Lapidus, 1988: 23), teria sido alertado por um *hanif* sobre a falsidade do culto aos ídolos. Em 610 a.d, com 40 anos, ele teve a sua primeira experiência profética com uma visão do anjo Gabriel. Embora no início Muhammad resistisse a aceitar a realidade de suas visões, o anjo convenceu-o com as primeiras palavras da revelação: "Recita (*iqra'*) em nome de teu senhor que te criou de um coágulo. Recita, e teu Senhor é o mais generoso, que ensinou através da escrita (lit. através do cálamo). Ensinou ao ser humano o que ele não sabia" (Alcorão, 96: 1-5).

Ciente de sua missão profética, Muhammad começou a recitar no seu círculo doméstico e de amizades as palavras divinas que lhe eram reveladas pelo anjo. Logo sua esposa e seus amigos e parentes, como Abu Bakr e Ali, tornaram-se os primeiros seguidores da mensagem divina que ele recitava. Após três anos, Muhammad começou a fazer pregações públicas conclamando a população de Meca a aceitar o Deus único e supremo (*Allah*), que havia se revelado aos homens através de profetas como Abraão, Moisés e Jesus e tinha em Muhammad o último dos seus enviados.[8] Esse Deus absoluto dos monoteísmos revelados julgaria os homens no juízo final,

[8] O islã aceita todos os profetas anteriores a Muhammad. Além de Abraão, o primeiro profeta, são aceitos Moisés e Jesus, que é considerado pelos muçulmanos como o profeta mais perfeito. O Alcorão menciona a existência de um profeta para cada povo e que se ignora mesmo o nome de muitos dos enviados de Deus. Tal abertura permitiu que Zoroastro, Buda e mesmo Krishna fossem sendo incorporados à lista de profetas à medida que os muçulmanos conquistavam regiões onde prevaleciam o zoroastrismo, o budismo e o hinduismo.

recompensando as boas ações dos justos e punindo as más dos pecadores. Em pouco tempo um grupo significativo de seguidores se formou, em geral membros dos clãs menos poderosos ou os membros mais jovens dos clãs dominantes em Meca.

Se no início a pregação de Muhammad foi tolerada pela elite de Meca, a sua denúncia do culto aos ídolos se tornou inaceitável para os clãs dominantes dos Quraysh que tiravam boa parte de sua riqueza do controle da peregrinação à Caaba. Assim, Muhammad e seus seguidores passaram a ser perseguidos e mesmo agredidos pelos membros dos clãs poderosos em Meca. A repressão tornava-se cada vez mais intensa e violenta, e a morte de Khadija e a de Abu Talib haviam deixado Muhammad mais isolado. Assim, ele decidiu abandonar Meca e se instalar em uma cidade ao norte chamada Yatrib. Esta mais tarde foi renomeada como Medida, que em árabe significa simplesmente "a cidade", ficando implícito que se trata da cidade que foi governada pelo Profeta.

A ida de Muhammad e seus companheiros de Meca para Medina, chamada de *hijra* (migração), ocorreu em 622 a.d. A *hijra*, ou hégira na sua forma aportuguesada, marca o início do calendário muçulmano. Em Medina, Muhammad encontrou uma cidade mergulhada no conflito entre clãs rivais das tribos que compunham a cidade. Através da mediação dos conflitos, ele foi ganhando a aliança das tribos da cidade e convertendo seus membros à sua mensagem profética. No início de sua estadia em Medina, Muhammad via a grande comunidade judaica da cidade como um aliado natural. Isso aparece na própria revelação corânica, que até esse período enfatizava a continuidade entre a profecia de Muhammad e o judaismo e o cristianismo. Nesse período as orações dos seguidores da profecia de Muhammad eram feitas em direção a Jerusalém, para onde, segundo o Alcorão, ele teria sido levado em uma viagem noturna. Lá Muhammad teria tido seu caráter profétido confirmado por Jesus e todos os profetas do Velho Testamento e ascendido aos céus até o trono divino (Alcorão, 17; 53).

Porém a recusa dos judeus em reconhecer Muhammad como profeta levou a uma mudança de atitude que também se refletiu na revelação. A pregração de Muhammad passou a afirmar-se como uma nova religião baseada na restauração da mensagem divina enviada a Abraão (*Ibrahim*), o primeiro monoteísta e antepassado mítico dos árabes e judeus. A aceitação da palavra divina era o islã (*islam*),[9] e os seus seguidores os muçulmanos (*muslim*, pl. *muslimun*), cujo conjunto passou a constituir uma comunidade moral universal, a *umma*. A revelação islâmica declarou todos os homens iguais perante a Deus, para além das diferenças sociais de afiliação tribal, riqueza ou poder (Alcorão, 49: 10-18).

Os judeus, cristãos e sabeus[10] eram vistos como receptores e participantes parciais na verdade divina revelada à humanidade, sendo chamados de "povos do livro" (*ahl al-kitab*).

[9] A palavra *islam* vem do radical consonantal *slm*, do qual também deriva a palavra *salam* (paz). Embora geralmente se traduza *islam* como submissão (à palavra divina), este termo está ligado a um vasto universo semântico que inclui "aceitação", "conciliação" e "pacificação".

[10] Os sabeus, mencionados no Alcorão (2:62) junto dos judeus e cristãos, foram no curso da história da civilização islâmica identificados com os seguidores de religiões dotadas de escrituras reveladas que não haviam sido mencionadas no texto corânico, tais como os zoroastras, os mandeus, os budistas e os hindus. Assim estes grupos também puderam ser considerados como "povos do livro".

Esses grupos religiosos deveriam ser tolerados e protegidos na sociedade muçulmana (Alcorão, 29: 46-52; 57: 25-29). Após a afirmação do islã como nova revelação, orações coletivas passaram a ser feitas na direção da Caaba, em Meca, que passou a ser o centro sagrado da nova religião.

Depois de conseguir converter as tribos e eliminar a oposição em Medina, Muhammad tornou-se o líder e governante da cidade. O seu governo foi pautado por sucessivas revelações da vontade divina sobre questões de cunho jurídico, social e moral que eram colocadas pela sociedade local. Por exemplo, regras de herança foram fixadas, nas quais as mulheres passaram a ter direito à herança na proporção da metade reservada aos herdeiros masculinos,[11] foram proibidos o infanticídio de meninas e o casamento sem o consentimento de ambos os indivíduos, e a poligamia foi limitada a quatro mulheres para cada homem desde que o mesmo as tratasse igualmente em termos afetivos, sexuais e materiais.

A administração da sociedade de Medina guiada pela revelação profética criou o corpus de regras e disposições corâ-

[11] Embora essa desigualdade jurídica seja comumente entendida como uma prova do status inferior das mulheres na lei islâmica, o quadro empírico é mais complexo, variando de acordo com cada contexto social e as regras de interpretação e aplicação que lhe dão realidade legal. Por exemplo, na Síria e nos outros países do Oriente Médio, embora os homens tenham direito ao dobro do que recebem as mulheres em herança, no caso de casamento a propriedade da mulher permanece sujeita apenas a seu uso individual, sendo incomunicável com seu marido e filhos. Já a propriedade do homem é vinculada às necessidades materiais de sua família. Por outro lado, na jurisprudência xiita no Líbano e no Iraque, a parte das mulheres na herança é igual àquela dos herdeiros masculinos.

nicas que seviu de base para a elaboração do sistema jurídico islâmico conhecido como *shari'a* (lit. o caminho [correto]). Mais recentemente, no século XX, o governo de Medina pelo Profeta foi reapropriado como arquétipo mítico do "Estado islâmico" pelos movimentos ligados ao islã político. No entanto, é interessante notar que, apesar da representação ocidental do islã como sendo essencialmente "religião política", a construção da governabilidade no texto corânico é feita a partir de regras jurídicas e morais centradas nos indivíduos e seus grupos, praticamente inexistindo elementos para uma teologia política do poder e das instituições.

A comunidade muçulmana criada em Medina representava um grave desafio à supremacia de Meca, pois cada vez mais tribos beduínas e, por conseguinte, as rotas de caravanas que elas controlavam declaravam sua aliança ao Profeta e aceitavam o islã. Várias batalhas ocorreram entre as forças de Meca e os aliados do Profeta, com uma crescente superioridade dos muçulmanos. Finalmente os Quraysh reconheceram a sua derrota em 630 a.d. e entregaram o governo de Meca a Muhammad em troca de uma anistia àqueles que haviam se oposto a ele.

Ao entrar vitorioso na cidade, Muhammad destruiu todos os ídolos da Caaba, mas preservou o santuário que declarou ser a "casa de Deus" construída por Abraão e manteve a peregrinação anual como um dos pilares do islã. Embora Meca tenha se tornado o centro religioso do islã, Muhammad continuou a residir em Medina de onde governava a vasta comunidade muçulmana que havia criado. Em 632 a.d., Muhammad morreu em sua casa em Medina, deixando como seu legado uma nova religião universal.

Muhammad se casou onze vezes,[12] pois o casamento era uma forma consagrada de estabelecer alianças, e um líder poderoso como o Profeta tinha que estabelecer trocas com os diversos grupos que compunham a sociedade da Arábia no século VI. Porém, ao morrer, Muhammad não possuía herdeiros masculinos. A ausência de uma "linha dinástica" claramente definida para a sucessão de Muhammad como líder da comunidade de fiéis criou inúmeras tensões entre os muçulmanos. Os conflitos intensificaram-se durante o reinado dos quatro primeiros califas[13] – Abu Bakr (632-634), Omar (634-644), Othman (644-656) e Ali (656-661) – chamados de "corretamente guiados" (*rashidun*) pela tradição islâmica, levando ao cisma entre sunitas e xiitas.

## O Alcorão: A constituição do texto sagrado

O Alcorão é o resultado textual da recitação da palavra divina por Muhammad entre 610 e 632 a.d. Em árabe o significado literal de *qur'an* é "recitação", e, efetivamente, ele foi recitado oralmente antes de ser codificado como texto escrito. A linguagem poética do Alcorão tem conexões com a poesia oral que era recitada publicamente pelos poetas da Arábia

[12] Apesar de Muhammad ter tido várias esposas, duas delas foram marcantes na sua biografia: Khadija, a primeira esposa e uma das primeiras a se converter à revelação trazida por ele, usando seu prestígio e riqueza para apoiá-lo na sua carreira profética, e Aisha, a última esposa, que teve um papel central na manutenção e transmissão das tradições referentes ao Profeta.

[13] A palavra califa vem do árabe *khalifa* (sucessor).

pré-islâmica. No entanto, dadas a dimensão e a complexidade linguística e lógica do texto corânico, pode-se dizer que foi através dele que o árabe tornou-se uma língua literária passível de servir de veículo para a vasta e variada produção cultural e artística da civilização árabe-islâmica.

Devido à amplitude e ao longo tempo da revelação, o próprio Muhammad organizou com a ajuda de escribas a primeira edição escrita do texto ou, pelo menos, das *suras* (capítulos) mais longas.[14] Após a morte de Muhammad o texto do Alcorão – ou, ao menos, trechos dele – era recitado por pessoas que haviam presenciado sua revelação. Após a morte do Profeta, alguns versos começaram a ser escritos, de modo a preservar a mensagem revelada, mas o significado desses textos fragmentários dependia da sua contextualização no processo profético (Berque, 1995: 18-19). As codificações escritas da revelação permaneciam submetidas à oralidade da recitação, cabendo àqueles que haviam memorizado toda a revelação corânica, os chamados *hufaz* (sing. *hafiz*, lit. protetor/guardião), realizar o trabalho hermenêutico de criar conexões entre a palavra divina e os contextos sociais específicos de sua aplicação.

A necessidade de se estabilizarem as fronteiras interpretativas da revelação de modo a impedir tanto a sua fragmentação quanto os conflitos sobre quais seriam os seus registros mais acurados levou a repetidas tentativas de criação de um "texto canônico", como aquelas atribuídas ao próprio Profeta e a seu

[14] Segundo al-Bukhari, o Profeta não teria deixado um texto completo do Alcorão e, na ocasião de sua morte, somente 4 de seus companheiros tinham memorizado o texto completo (cit. in Berque 1995: 19).

sucessor, o califa Abu Bakr. Esses esforços foram continuados por Othman, o terceiro califa (644-656), que realizou a edição definitiva do Alcorão, criando com a ajuda de escribas o texto tal como o conhecemos hoje. Embora a tradição islâmica diga que os princípios estabelecidos pelo Profeta foram seguidos, não se sabe o quão completa foi a edição feita por ele (Berque 1995).

O texto que temos é dividido em *suras* (capítulos) que reúnem um número variado de *ayas* (versos). É interessante notar que a ordem do texto não segue a ordem da revelação, uma vez que os versos iniciais da revelação se encontram na *sura* 96, e boa parte dos versos do período em Meca[15] está nas *suras* finais do texto. As *suras* mais longas, que correspondem aos longos sermões proféticos do período do islã triunfante em Medina e, mais tarde, Meca, foram colocadas no início do texto, e as mais curtas, que correspondem às revelações visionárias do início da trajetória profética de Muhammad, foram colocadas na sua parte final. A mais longa das *suras*, aquela denominada "A Vaca",[16] aparece logo após a *sura* de abertura *al-Fatiha*.

A *sura al-Fatiha* (A Abertura) inicia a recitação corânica evocando o nome de Deus, enumerando seus atributos eternos (misericordioso, misericordiador) e contingentes à história da criação (senhor dos mundos, soberano do Dia do Juízo) e pedindo a ele que guie a humanidade na "senda reta" (*sirat al-mustaqim*). A imagem do caminho reto foi interpretada pelos comentaristas do Alcorão como simbolizando o próprio islã.

---

[15] As *suras* são classificadas por seu local de revelação, havendo aquelas de Meca (*Makkiya*) e as de Medina (*Madaniya*).

[16] O nome das *suras* deriva de palavras encontradas nelas, e não do conjunto de temas tratados nelas.

A organização não cronológica das *suras* foi interpretada por alguns estudiosos como uma evidência de que a organização textual do Alcorão é de ordem sincrônica, privilegiando a estrutura temática da mensagem ao invés do drama histórico da revelação. Embora essa abordagem ilumine algumas partes do Alcorão, o texto corânico apresenta uma estrutura mais complexa, combinando uma ordem sincrônica com outra diacrônica. Por exemplo, as *suras* ímpares de 31 a 51 estão colocadas na ordem de sua revelação, sendo intercaladas por outras que não estão em ordem cronológica, mas que as complementam tematicamente.

As *suras* reveladas em Meca apresentam uma temática voltada para a disciplina moral, para a relação entre Deus e os homens e para a escatologia do Juízo Final. Nessas *suras* são comuns as referências aos profetas bíblicos, especialmente Moisés e Jesus. Algumas histórias do Antigo Testamento, como a de Moisés e a do Faraó ou a história de José, foram incorporadas ao texto corânico. A única narrativa cristã que aparece completa no Alcorão é a parábola bizantina dos sete dormentes de Éfeso (Alcorão, 18: 9-25). Já as *suras* reveladas em Medina concentram-se em temas de organização social ou do estabelecimento da justiça. Questões jurídicas como casamento, paternidade, herança, sucessão e propriedade refletem as questões com as quais o Muhammad se defrontou durante o seu governo em Medina e para as quais buscou respostas na inspiração divina. Do mesmo modo, as *suras* de Medina apresentam uma grande ênfase nas regras de comportamento e organização social, como a igualdade entre os fiéis, a modéstia nas relações entre os gêneros e a caridade como forma de lidar com as desigualdades sociais.

O texto corânico também define os atributos físicos, morais e sociais da humanidade através de ideais existenciais, comportamentais e relacionais. Não existe uma única noção de pessoa no Alcorão, mas sim uma grande variedade de elementos que configuram diferentes esferas de existência e comportamento. Esses elementos foram apropriados e ressignificados pelas inúmeras tradições culturais do mundo islâmico para elaborarem seus próprios ideais de pessoa. O ser humano é visto como possuidor de um corpo físico (*jism*), no qual se concretiza sua existência; uma alma imortal (*ruh*), que o conecta com o universo espiritual e divino; e um *nafs*, que pode ser traduzido como "self". O *nafs* não se confunde nem com o corpo, nem com a alma, mas de certo modo media a relação entre eles. Ele é visto como a fonte de todos os impulsos e desejos que o ser humano deve controlar e disciplinar pela moral, mas também é a esfera de produção da individualidade. Assim, o *nafs* constitui uma importante arena de constituição do sujeito moral no islã.

Em termos morais, o homem ou a mulher são vistos como seres individualizados e autônomos. Isso fica claro na questão da responsabilidade individual. A criação da humanidade a partir de Adão e Eva, a queda sob a influência de Satã e a expulsão do Paraíso aparecem em várias passagens do Alcorão.[17] Na narrativa corânica, Deus perdoa Adão, eliminando a ideia de um pecado original comum à toda humanidade. O pecado é definido como um ato puramente individual, cuja responsabilidade não pode ser imputada a ninguém além daquele que o perpetrou. Isso é explicitamente colocado na passagem:

[17] Por exemplo em 2: 28-37; 4:1; 15-26-30.

> que nenhuma alma arque com os pecados de outra, e que o ser humano só terá o fruto de seu esforço; que o esforço será avaliado, em seguida será recompensado com a mais completa das recompensas (Alcorão, 53: 38-51).

Assim, a recompensa no Paraíso ou o castigo no Inferno dependeriam de uma avaliação das ações humanas, pois o homem seria livre para fazer o bem ou o mal. Nesse sentido existe no Alcorão a ideia do ser humano como dotado de livre-arbítrio para escolher entre o bem e o mal, sendo o erro o fruto de uma fraqueza moral que faria do pecador uma presa das armadilhas que Satã (*Iblis*) constantemente cria a partir dos impulsos do *nafs*.[18] Por outro lado, certas passagens do Alcorão afirmam a existência da predestinação, pois a salvação e o infortúnio são colocados como sendo traçados previamente às ações humanas, e não como resultado delas.[19]

Como coletividade, a humanidade é retratada no Alcorão como dotada de uma radical igualdade moral, ao mesmo tempo que reconhece as diferenças como parte integrante da organização social. Essa articulação entre uma ideologia igualitária e universal e a aceitação das particularidades dos grupos humanos é afirmada no verso:

> Ó Homens! Por certo Nós vos criamos de um homem e uma mulher e vos fizemos como povos e tribos para que

[18] O próprio Satã, chamado de Iblis no Alcorão, é o modelo do pecador tomado por seus impulsos irracionais, pois ele foi expulso do Paraíso após ter se recusado a obedecer a ordem divina de se prostrar diante do homem (Alcorão, 15: 26-39). Assim, na tradição islâmica o pecado de Satã foi a soberba (*kibr*), por se achar melhor que o resto da criação divina, o que o levou a desobedecer uma ordem de Deus.

[19] Alcorão, 57: 21-22; 15: 1-17; 7: 179.

vos conheçais uns aos outros. Por certo, o mais honrado entre vós perante Deus é o mais piedoso (Alcorão, 49: 13).

A incorporação das diferenças particulares dentro do igualitarismo universalista presente no Alcorão é ainda mais complexa no que se refere às relações de gênero. Homens e mulheres são representados como dotados de capacidades "naturais" distintas que os levaria a ter diferentes papéis e posições na vida familiar e social, com as mulheres ligadas à maternidade e os homens ao sustento material da família.[20] Essa construção das relações de gênero foi interpretada em diferentes épocas e contextos da história islâmica como significando uma desigualdade hierárquica ou uma diferença complementar nas posições sociais de homens e mulheres.

Por exemplo, na Arábia Saudita, o governo e a elite religiosa wahhabita veem nisso a justificativa para a efetiva exclusão das mulheres do espaço público. No Irã a República Islâmica considera as mulheres política e economicamente iguais aos homens, mas juridicamente as coloca em uma posição de desigualdade complementar perante os homens. Já as feministas iranianas reivindicam uma igualdade social com os homens sem renunciar à maternidade e ao papel da mulher na vida familar como definidores de diferenças irredutíveis em relação aos homens (Roy & Khosrokhavar, 1999: 224-234). Desse modo as diferentes tradições islâmicas encontraram no Alcorão substrato para criar diferentes ideais de pessoa. Na história da civilização islâmica, surgiram as mais variadas noções de pessoa, desde aquelas marcadas por um forte individualismo moral até aquelas que definem a pessoa a partir de seus papéis sociais, além das diferentes combinações possíveis entre esses polos.

[20] Ver por exemplo Alcorão, 4: 34.

A codificação escrita da revelação corânica e o estabelecimento de uma edição canônica[21] permitiram que o islã desenvolvesse um sistema religioso autônomo em relação às tradições monoteístas que o precederam. A estabilização do texto do Alcorão permitiu a emergência de escolas de interpretação e pensamento religioso que delimitaram o campo religioso do islã para além do faccionalismo existente quando a revelação profética era propriedade hegemônica dos companheiros do Profeta.

A edição canônica do Alcorão retirou o poder religioso das mãos dos familiares e companheiros do Profeta e o inscreveu no texto sagrado. Embora não houvesse uma ruptura completa entre escrita e a oralidade, uma vez que o texto funcionava como um suporte visual para a recitação,[22] a objetivação da revelação em uma narrativa escrita passível de ser analiticamente apreendida permitiu a emergência de um grupo de especialistas e exegetas religiosos.[23] Estes adquiriram prestígio e poder na comunidade muçulmana

---

[21] Othman ordenou a destruição de todos os outros códices existentes, impedindo assim que edições concorrentes existissem (Berque, 1995: 20).

[22] Como a escrita kufica, na qual foi escrita a edição de Othman, não possuía sinais diacríticos, são aceitas sete variações para a vocalização do mesmo.

[23] Em árabe os termos usados para se referir ao Alcorão refletem os diversos níveis de textualidade codificados no mesmo. O livro como objeto material impresso é chamado de *mashaf* (edição), e o termo *qur'an* (Alcorão) refere-se ao texto recitado; já o termo *kitab* (livro) refere-se ao texto arquetípico que Deus revelou gradualmente a Muhammad. A partir do século XIX, a imprensa e a educação moderna criaram novas formas de textualidade que parcialmente deslocaram essa relação semântica. A leitura individual substituiu a recitação pública no termo *qur'an*, e a ideia de estrutura narrativa orientada para um contexto cultural específico passou a orientar o entendimento de *kitab*. Ver a análise que o intelectual islâmico sírio Muhammad Shahrur faz desses termos (1990).

pela sua capacidade em criar conexões normativas entre a narrativa corânica e o universo cognitivo, prático e experiencial dos fiéis.

Desse modo, o Alcorão tornou-se um dos principais elementos constitutivos da tradição islâmica, pois ele oferece categorias, normas e valores religiosos, legais e morais, assim como paradigmas existenciais e comportamentais, e metáforas ricas em significados. Porém é importante ter em mente que o efeito normativo desses elementos nas realidades culturais e sociais locais vai depender do tipo de relações de poder e dos dispositivos disciplinares que regularem sua apropriação e aplicação na constituição de padrões de sociabilidade e formas de subjetividade dos muçulmanos em cada contexto específico.

O Alcorão soma-se a outros elementos, como os 5 pilares, na constitutição do que poderíamos chamar de "grande tradição" do islã, ou seja, a configuração da tradição que possui um valor normativo supralocal. Essa "grande tradição" é menos um conjunto específico de normas, significados e práticas que o resultado da interação entre os diferentes processos que visam produzir modelos normativos a partir desses elementos.

## Os "5 Pilares"

Juntamente com a figura do Profeta e o Alcorão, os chamados 5 pilares (*khams al-arkan*) formam os elementos constitutivos daquilo que a maior parte dos muçulmanos reconhece como a tradição central no islã. São eles: a profissão de fé (*shahada*), as cinco orações diárias (*salat*), a doação de um dízimo para a comunidade (*zakat*), o jejum durante o mês sagrado do Ramadã (*sawm*) e a peregrinação a Meca (*hajj*).

Os 5 pilares são dispositivos discursivos e rituais criados durante o período da revelação, cuja obrigatoriedade criou um universo compartilhado de doutrinas e práticas que permitiram a constituição e reprodução dos muçulmanos como uma comunidade religiosa. Para além disso, os pilares são mecanismos disciplinares que criam tanto ortodoxia quanto ortopraxia e participam da constituição das subjetividades religiosas entre os muçulmanos.

## *Shahada*

A profissão de fé muçulmana, "Não existe deus além de Deus, e Muhammad é o profeta de Deus" (*La ilah ila Allah wa Muhammad rasul Allah*), é o único elemento doutrinal entre os cinco pilares. Ela constitui o mínimo consenso doutrinal exigido aos muçulmanos, afirmando a crença no monoteísmo e na profecia de Muhammad. A aceitação das duas proposições coloca automaticamente a pessoa dentro da comunidade religiosa do islã e, da mesma forma, sua recusa implica a exclusão da mesma.

A *shahada* (lit. "testemunho") é usada como demarcador do rito de passagem[24] que visa a incorporação de um indivíduo no universo religioso do islã. Assim, ela é sussurrada no ouvido dos recém-nascidos nos países da África do Norte e do Oriente Médio para que eles se tornem muçulmanos e deve ser repetida três vezes diante de duas testemunhas adultas por

[24] Para a noção de rito de passagem, ver a obra de Arnold Van Gennep (1978).

todo aquele que queira se converter ao islã. Uma vez publicamente aceita por um indivíduo adulto e consciente de seu significado, a profissão de fé permite a ele considerar-se um muçulmano pleno.

A *shahada* permite, ao menos em princípio, que os seguidores das diferentes correntes religiosas dentro do islã se reconheçam para além das suas diferenças doutrinais, pois compartilham o único conteúdo doutrinal que é considerado absolutamente obrigatório a todos os muçulmanos. No entanto, mesmo o conteúdo simples da *shahada* é passível de interpretações e apropriações que desafiem o consenso estabelecido pelas tradições dominantes no mundo muçulmano.

Um bom exemplo disso é a Ahmadiyya, um movimento religioso de origem sufi criado na Índia do século XIX e bastante presente no Paquistão. Os seguidores da Ahmadiyya atribuem o status de profeta ao fundador do movimento, o que é denunciado pelos outros muçulmanos no Paquistão como apostasia, uma vez que contrariaria um dos pilares do islã. Os seguidores da Ahmadiyya, porém, não veem nenhuma contradição entre as suas crenças e os princípios do islã e se consideram muçulmanos, pois reconhecem Muhammad como profeta, mas não consideram que a porta da profecia esteja fechada.[25]

---

[25] A maioria dos muçulmanos considera Muhammad como o último profeta enviado por Deus.

## *Salat*

As orações diárias são o principal ritual coletivo do islã, mobilizando os muçulmanos em uma atividade que produz de forma performática a comunidade moral da *umma*. Cinco vezes ao dia – de madrugada (*fajr*), ao meio-dia (*zuhud*), no meio da tarde (*'asr*), ao pôr do sol (*maghrib*) e à noite (*'isha*)[26] – o muezin faz a chamada dos fiéis (*adhan*) para a oração coletiva (*salat*).[27] As chamadas para a oração imprimem um ritmo na vida cotidiana das sociedades de maioria muçulmana, inscrevendo a presença do islã na paisagem social.

Embora não seja obrigatória a ida a uma mesquita para fazer as orações coletivas, tal fato é recomendado. Existe uma hierarquia de valor nas formas possíveis de realizar as orações obrigatórias.[28] A oração feita em uma mesquita seria aquela com mais "mérito moral", porém a oração coletiva também pode ser realizada em qualquer local, desde que se tenha um grupo de três ou mais pessoas. Por fim, ela pode ser feita solitariamente, ficando implícito que a simultaneidade de tal ato ritual com aquele realizado pelos outros muçulmanos no mesmo momento dá a ele o seu caráter

[26] Como as orações são marcadas pela posição do sol ou da lua no céu, elas não possuem hora fixa, variando de acordo com a época do ano.

[27] Segundo as fontes islâmicas, o primeiro muezin teria sido Bilal, ex-escravo etíope e companheiro de Muhammad, que fazia a chamada do telhado da casa do Profeta. O costume de fazer a chamada para a oração de lugares altos gerou depois a construção de minaretes nas mesquitas, sendo o mais antigo o Minarete da Noiva na Mesquita dos Omíadas em Damasco (séc. VIII).

[28] Fica implícita nessa hierarquia que a frequência e a forma de realizar as orações individuais ficam a critério de cada um.

coletivo. Do mesmo modo, existe uma hierarquia de dias da semana, sendo a oração de sexta-feira (*salat al-jum'a*) a mais importante. Efetivamente, nos países muçulmanos a frequência das mesquitas é muito maior na sexta-feira (que geralmente é o dia feriado) que nos outros dias. Nas principais cidades da Síria, nos outros dias da semana, boa parte das pessoas faz suas orações nos seus locais de trabalho, deixa para fazê-las em casa após o trabalho ou simplesmente não as faz.

A oração é precedida de uma preparação ritual que inclui a ablução (*wudu*), a purificação física e simbólica do corpo no ato de lavar as mãos, os braços, o rosto, a boca, as orelhas e os pés em água corrente e ter intenção (*niya*) de adorar a Deus. A maioria dos especialistas religiosos (*'ulama*) considera a intenção como sendo a condição definidora da validade de todos os atos rituais, tanto a ablução quanto a oração, o que mostra uma concepção do indivíduo como agente moral a partir de seu uso da razão. Entre os fiéis, a articulação entre obrigatoriedade, espontaneidade e intencionalidade faz com que a oração seja um poderoso instrumento disciplinar de formas de subjetividade e corporalidade dentro de um quadro de referências dado pela tradição islâmica.[29]

A oração coletiva também concretiza performaticamente a existência da comunidade islâmica, a *umma*, na esfera pública. Os muçulmanos aparecem reunidos e engajados em ações rituais que dramatizam certos princípios organizacionais da

[29] Ver a etnografia de Saba Mahmood sobre o papel da oração entre mulheres muçulmanas no Egito (2005: 118-152).

mesma. A primeira coisa que chama a atenção do observador é a horizontalidade das relações estabelecidas entre os fiéis, pois todos se posicionam lado a lado em fileiras sucessivas a partir da *qibla* (direção da Caaba em Meca, para onde os fiéis devem se voltar durante as orações). Nas mesquitas a própria arquitetura enfatiza essa horizontalidade e equivalência dos fiéis, pois o espaço é aberto ou demarcado por galerias dispostas paralelamente ao *mihrab* (nicho que marca a *qibla*).

Para garantir a simultaneidade dos atos rituais, a coletividade deve ter um *imam* (líder ritual) que guie todos nos movimentos alternados de ficar em pé, curvar-se, ajoelhar-se e prosternar-se que se sucedem nos momentos rituais. O *imam* geralmente é um *'alim* (especialista religioso, pl. *'ulama*), o que mostra a hierarquia baseada no saber religioso que existe na tradição islâmica, mas na falta deste qualquer adulto pode liderar a oração. Tradicionalmente homens e mulheres rezam separadamente. No caso de compartilharem o mesmo espaço ritual, as mulheres rezam atrás dos homens.

Apesar da importância da oração coletiva na constituição do sentido de comunidade entre os muçulmanos, ela não possui a mesma importância em todas as tradições islâmicas. Os xiitas costumam dar menos ênfase às orações coletivas que os sunitas e, em alguns lugares do Irã, a oração da tarde é feita junta com a do pôr do sol, e a da madrugada junto com a da noite, reduzindo de cinco para três o número de orações diárias. Certas seitas, como a dos Alauítas ou dos Druzos, não valorizavam muito fazer orações coletivas, e, até o século XIX, as regiões da Síria onde eles eram majoritários não possuíam mesquitas.

## *Zakat*

Geralmente traduzido como "esmola" ou "caridade", o termo *zakat* é mais bem compreendido como uma forma de dízimo destinada ao bem-estar da comunidade muçulmana. O texto corânico urge os muçulmanos a doarem parte da sua riqueza como *zakat* para o sustento dos pobres e dos órfãos, viúvas, doentes e inválidos que não possuem quem possa cuidar deles (Alcorão, 2:43, 273-277). A *zakat* é comumente entendida como sendo 2,5% da renda de cada muçulmano que esteja disponível para além das necessidades básicas (saúde, educação, alimentos e moradia) do indivíduo e de sua família. Tradicionalmente essa doação era feita aos *'ulama* (especialistas religiosos) ou diretamente à diversas instituições religiosas constituídas como *waqf* (fundação voltada para o bem público), o que permitia a existência de uma esfera religiosa não centralizada e autônoma em relação ao poder estatal.

No século XX, os bens de *waqf* foram nacionalizados em quase todos os países de maioria muçulmana, e os Estados nacionais tentaram se apropriar da coleta da *zakat*. Porém essa tentativa não foi bem sucedida, uma vez que as pessoas na maior parte dos países preferiram continuar a dar a *zakat* para atores não estatais. Esse processo fez com que a *zakat* tomasse cada vez mais a forma explícita de caridade, uma vez que isso era uma forma de se evitar a ingerência estatal nessa prática. Por exemplo, a criação de *waqf* religiosos por parte da iniciativa privada praticamente desapareceu, pois estes são gerenciados pelo Estado, enquanto o número de associações islâmicas de beneficência não cessa de aumentar em países como Síria, Turquia e Egito.

Entre os xiitas, além do *zakat* existe o *khums*, que é um quinto da renda de cada muçulmano para além de suas despesas básicas e as de sua família. Ao contrário do sistema difuso da *zakat* entre os sunitas, os grandes aiatollahs conhecidos como *marja' al-taqlid* (fonte de emulação) centralizam o recolhimento, tanto da *zakat* quanto do *khums*. Cada muçulmano xiita é livre para escolher o *marja'* cuja opinião ele (ou ela) seguirá em questões doutrinais, rituais ou comportamentais. Como o número de *marja'* é bastante restrito – atualmente os principais são Hussein Fadlallah (Líbano), o aiatollah Sistani (Iraque) e Ali Khamenei (Irã) –, a concentração de riqueza em suas mãos chega a centenas de milhões de dólares anuais. Esse dinheiro é usado para manter vastas redes de hospitais, orfanatos, escolas, bolsas de estudo, universidades e instituições de caridade cujos serviços reforçam o poder e o carisma associados a essas lideranças da hierarquia religiosa xiita.

A *zakat* dramatiza na sua "espontaneidade ritualizada" a conexão moral entre o indivíduo e o resultado de sua trajetória específica – materializada na sua prosperidade econômica ou na falta dela – e os círculos concêntricos de solidariedade que compõem a *umma*. Assim, a *zakat* direciona a solidariedade e a rede de obrigações morais dos muçulmanos para além do círculo familiar. Tradicionalmente a arena da *zakat* é a sociedade local de cada fiel. Porém, ela também pode atuar como uma categoria compartilhada que permite a conexão de realidades distantes em arenas globalizadas, como mostrou o uso do vocabulário da *zakat* nas campanhas de solidariedade em todo o mundo muçulmano pelas vítimas de conflitos bélicos em Kosovo, na Chechênia ou na Palestina.

### *Sawm*

Durante todo o mês de Ramadan, o nono mês do calendário islâmico, os muçulmanos devem praticar um jejum (*sawm*) de alimentos, bebidas e relações sexuais que se estende dos primeiros minutos de luz solar – ou, como diz a tradição, "a partir do momento que se possa distinguir um fio branco de um fio preto" – até o pôr do sol.[30] O jejum serve para marcar o caráter sagrado do Ramadan, pois este foi o mês no qual se iniciou a revelação (Alcorão, 2: 185). Na 26ª ou 27ª noite desse mês, celebra-se a *layla al-qadr* (noite do destino), que seria a noite do início da revelação, como afirma o próprio texto corânico:

> Por certo, fizemo-lo (o Alcorão) descer na *layla al-qadr* (noite do destino) (...) A *layla al-qadr* é melhor que mil meses (Alcorão, 97:1-3).

Além da revelação, o mês de Ramadan foi o momento de outros acontecimentos marcantes na história sagrada do islã. Nele ocorreram o nascimento de Hussein, neto de Muhammad e terceiro *imam* (líder) para os xiitas; a morte de Ali, quarto califa e primeiro *imam*; a morte de Khadija, esposa de Muhammad; e a batalha de Badr, em que houve a primeira vitória do Profeta e seus companheiros contra as forças de Meca.

O estabelecimento do jejum durante o Ramadan se inscreve em uma tradição Abraâmica, uma vez que o texto corâni-

30 Alguns muçulmanos consideram que outros "prazeres", como fumar e jogar, também devem ser evitados no período de jejum.

co evoca o jejum praticado por judeus e cristãos (Alcorão, 2: 183). Por outro lado, ele também demarca uma ruptura em relação a esses monoteísmos anteriores, já que está referido à revelação dada a Muhammad. O jejum islâmico não possui o caráter de penitência da quaresma cristã, sendo um mecanismo disciplinar voltado à adequação do self aos modelos de existência e comportamento da tradição islâmica através do controle dos impulsos e desejos (fome, sede, sexualidade, prazeres) que emanam do *nafs*.[31]

A dimensão existencial e performática do Ramadan faz com ele seja uma época de religiosidade exacerbada e publicizada, quando se cria uma arena pública para a negociação das imperfeições da vida cotidiana em relação aos ideais islâmicos de pessoa. Na Síria, por exemplo, a frequência nas mesquitas aumenta enormemente durante o Ramadan. Nesse período é comum que muçulmanos não praticantes ou indiferentes às obrigações religiosas passem a rezar nas mesquitas e renunciem ao consumo de álcool ou cigarros.[32] Em algumas mesquitas de Alepo e Damasco os fiéis permanecem em vigília e orações du-

---

[31] Idosos, doentes, viajantes, crianças e mulheres grávidas são dispensados do jejum durante o Ramadan.

[32] Tanto o consumo de bebidas alcoólicas quanto o de carne de porco são considerados proibidos (*haram*) no islã. A proibição ao consumo de porco é amplamente seguida, sendo esse animal percebido como impuro e sujo. Durante minhas pesquisas na Síria, alguns informantes muçulmanos chegaram a expressar a sensação de nojo diante da ideia de comer carne suína. Já o consumo de bebidas alcoólicas não é incomum nas sociedades muçulmanas, havendo mesmo a produção de cerveja, vinho e arak (destilado de uva anisado) em quase todo o Oriente Médio, Norte da África e sul e sudeste da Ásia. Mesmo em países em que a venda e o consumo de álcool é proibida, como Arábia Saudita e Irã, existe um vasto mercado clandestino de bebidas alcoólicas.

rante toda a madrugada da *layla al-qadr* de modo a rememorar o início da revelação.

Além disso, o Ramadan modifica o ritmo da vida social. Nas cidades sírias, turcas, egípcias ou jordanianas, existe um certo torpor do espaço público durante o dia, pois os restaurantes e cafés permanecem fechados. No entanto, uma vez que o sol se põe, a situação muda completamente. Em um primeiro momento, todos se retiram do espaço público – mesmo os serviços de transporte cessam de funcionar – e se dirigem às suas casas para celebrar o *iftar* (quebra de jejum) com as famílias. Uma vez terminada a refeição, inicia-se uma grande efervescência das relações sociais, com visitas aos parentes e amigos, passeios e idas aos cafés, restaurantes e lojas que ficam abertos por toda a madrugada (Georgeon, 2000).

No Egito a intensidade das interações sociais inicia-se com a própria quebra do jejum, pois é comum pessoas distribuírem doces e tâmaras nas ruas e no metrô do Cairo, em uma dádiva generalizada que atualiza o ideal da comunidade de fiéis. Aqueles mais abastados pagam grandes mesas instaladas nas ruas das principais cidades egípcias para servir refeições de *iftar* para os pobres. A prática da caridade também é intensificada durante o Ramadan, uma vez que as boas ações nesse período conferem mais mérito moral àqueles que as fazem. A televisão egípcia, assim como a síria, tem uma programação especial durante o Ramadan, geralmente com novelas ou séries que enfatizam temas que articulem a comunidade religiosa com a narrativa da nação (Abu-Lughold, 2005; Christmann, 2000).

O mês do Ramadan termina com uma das duas festas religiosas da "grande tradição" islâmica, a *'Aid al-Fitr* (Festa da Quebra do Jejum), que possui um caráter bastante festivo.

Essa festa inclui, além de banquetes que reúnem familiares e amigos, uma intensa troca de presentes e atividades de entretenimento, tais como concertos musicais e parques de diversão infantis. Apesar da ênfase na solidariedade dos laços comunitários, a crescente importância do consumo conspícuo na festa tem, como o Natal nos países cristãos, efeito paradoxal, ao dar uma maior visibilidade às desigualdades econômicas e sociais no mundo muçulmano.[33]

## *Hajj*

A peregrinação a Meca (*hajj*) é uma obrigação religiosa que cada muçulmano deve cumprir ao menos uma vez antes de morrer. Embora peregrinações a Meca possam ser feitas em qualquer época do ano, existe uma diferença entre o *hajj*, que é a peregrinação obrigatória a todos os muçulmanos feita em dias específicos do mês islâmico de *Dhu al-Hijja*, e a *umra*, que é a peregrinação opcional feita nas outras épocas do ano. Nos últimos anos, a peregrinação reuniu cerca de 2 milhões de muçulmanos em Meca. A mobilização de muçulmanos de todas as partes do mundo e seu encontro em Meca expressam ritualmente o ideal da *umma*, enfatizando a unidade da comunidade religiosa do islã e os laços que unem seus fiéis.

[33] O contraste entre o discurso de solidariedade e a realidade das diferenças sociais durante o Ramadan é um tema frequente em várias charges do caricaturista sírio Ali Farzat publicadas no jornal Tishrin.

O ritual do *hajj* visa fazer com que os peregrinos transcendam as diferenças culturais e sociais existentes entre si e vivam sua identidade muçulmana como um elo que os conecta com os muçulmanos em todo o mundo. Isso faz com que a peregrinação a Meca tenha a estrutura de um rito de passagem (Van Gennep, 1978). Ela inclui ritos de separação dos peregrinos de suas sociedades de origem, tais como o abandono dos adornos e das roupas cotidianas em prol do *ihram*, um pano branco enrolado no corpo como túnica, para o homens, e uma túnica negra que cobre o cabelo e o corpo, mas deixa o rosto descoberto, para as mulheres. Ambos os trajes devem ser colocados antes da chegada a Meca. Ritos de margem, tais como a proibição de cortar o cabelo e a barba ou ter relações sexuais, afirmam o caráter liminar[34] dos peregrinos que entram no recinto sagrado (*haram*) de Meca,[35] no centro do qual se encontra a Caaba. Por fim, existem os ritos de incorporação a uma identidade muçulmana renovada, tais como o sacrifício que marca o final do processo ritual (a raspagem da cabeça pelos homens e o corte de uma mecha de cabelos pelas mulheres) e o uso do título *hajji* ou *hajja* (aquele(a) que fez o *hajj*) antes do nome.

[34] Victor Turner (2005: 137:158) define a liminalidade como um estado intermediário entre estruturas sociais ou sistemas de classificação. No caso do *hajj*, a liminalidade marca a trajetória ritual entre o abandono dos diacríticos sociais e culturais pelos peregrinos e suas reconfigurações como muçulmanos purificados pelo rito e moralmente fortalecidos pelo cumprimento de um dos pilares do islã.

[35] Os muçulmanos creem que os limites do recinto sagrado de Meca foram estabelecidos por Abraão e confirmados por Muhammad. O caráter sagrado inclui a cidade toda, que é proibida aos não muçulmanos.

A peregrinação é composta por um ciclo ritual que tem suas etapas distribuídas em diferentes locais em Meca e seus arredores. Após entrar no recinto sagrado de Meca, os peregrinos vão para Mina, uma pequena cidade nos arredores de Meca, onde eles passam a noite em meditações e orações. Na manhã seguinte, eles seguem para o monte 'Arafat (Monte do Conhecimento), onde Muhammad recebeu as primeiras revelações e onde proferiu seu último sermão, meditam e rezam olhando para Meca. Ao pôr do sol, os peregrinos se dirigem a Muzdalifa, no caminho de Mina, onde passam a noite acampados. Antes do amanhecer, eles retornam a Mina, onde apedrejam três pilares de pedra que representam as três vezes que o demônio tentou Abraão a desobedecer Deus e não sacrificar seu filho, Ismael. As pedras atiradas são um rito de repúdio ao mal e confirmação dos peregrinos na "senda reta" do islã.

Após o apedrejamento dos pilares, acontece a Festa do Sacrifício (*'Aid al-Adha*), a principal celebração do calendário islâmico. O ritual do sacrifício de um animal que marca essa festa tem uma vasta gama de significados: ele recria o sacrifício de Abraão; reafirma a aliança dos muçulmanos com Deus; oferece graças a Deus por sua revelação aos homens; reafirma a obrigação de caridade para com os pobres, para quem é doada a carne dos animais sacrificados; e reforça o sentido do islã como uma comunidade moral composta por indivíduos, famílias e grupos sociais unidos pela devoção a Deus. A comunidade moral criada pelo sacrifício se constrói na simultaneidade ritual que une os peregrinos e os muçulmanos que celebram a festa por todo o mundo.

O sacrifício encerra o período liminar que envolve os peregrinos. A transição para a agregação em um novo estado moral é marcada pela raspagem da cabeça pelos homens e pelo corte de uma mecha de cabelos pelas mulheres. A partir desse momento, os peregrinos podem voltar a vestir suas roupas cotidianas, porém as relações sexuais continuam proibidas. Todos se dirigem a Meca para realizar o *tawaf*, a circumbulação da Caaba, que simboliza a importância da mesma como local da aliança entre Deus e Abrãao, que foi confirmada por Muhammad. Os peregrinos dão sete voltas em sentido anti-horário em torno da Caaba recitando uma oração a cada vez e procurando tocar a Pedra Negra, um meteorito inscrustrado em um dos ângulos do edifício, que acreditam ter o poder de purificar de seus pecados aqueles que o tocam.

Após o *tawaf* os peregrinos podem ser chamados de *hajjis*. A maioria realiza ainda alguns rituais complementares, os quais incluem uma ida ao "Lugar de Abraão", onde eles recriam a corrida em busca de água feita por Hagar, mulher de Abraão e mãe de Ismael;[36] um retorno a Mina para apedrejar novamente os pilares de pedra; e uma última circumbulação da Caaba antes do retorno ao respectivo país de cada peregrino.

Para além da busca da plenitude religiosa, a peregrinação a Meca constituiu, durante a história do islã, um importante elemento na criação e organização de processos sociais e culturais que conectaram as diferentes regiões do mundo muçulmano. As rotas de peregrinação geralmente também se constituíam em rotas de comércio, com os peregrinos e comerciantes levando produtos de suas regiões de origem e adquirindo outros nos vários mercados que se desenvolveram em Meca e

[36] Na Bíblia, Hagar era a rival de Sara, mãe de Isaque.

nas cidades pelo caminho. Além disso os comerciantes estabeleciam contatos com outros mercadores em Meca, o que permitiu o surgimento de novas rotas comerciais. Ainda hoje a peregrinação anual mobiliza uma vasta rede econômica que inclui o estabelecimento de cotas e de subsídios aos peregrinos de cada nacionalidade pelo governo saudita; a venda de pacotes para a peregrinação pelas companhias de aviação e as agências de turismo; a importação de milhões de animais para o sacrifício; a doação da carne dos sacrifícios para países "pobres"; e o vasto mercado de objetos religiosos que existe em torno da Grande Mesquita de Meca.

A peregrinação também constituía uma jornada intelectual. Em Meca os muçulmanos entravam em contato com as diferentes tradições intelectuais e correntes de pensamento do mundo muçulmano. Muitos *'ulama* (especialistas religiosos) se estabeleciam na cidade, onde ensinavam em suas casas ou em *madrassas* (escolas corânicas). A experiência da comunhão ritual dos muçulmanos de diferentes partes do mundo aliada à exposição de suas diferenças religiosas e culturais estimulou a busca da "pureza original" da mensagem profética e a sistematização "objetificada"[37] dos elementos básicos do islã por parte dos especialistas religiosos de Meca.

---

[37] O conceito de "objetivação" (objectification) foi desenvolvido por Dale Eickelman e James Piscatori (1996: 38) para definir os processos de apagamento da origem cultural de sistematizações normativas do islã que se pretendem universais e trans-históricas.

Tais esforços intelectuais deram origem a vários movimentos reformistas que se difundiram a partir de Meca. Essas codificações do islã que pregavam a reforma ou o retorno à pureza original do islã eram levadas pelos peregrinos a suas sociedades de origem, onde eles usavam o capital simbólico adquirido no *hajj* para dar força normativa à mensagem que traziam. Assim, a peregrinação a Meca foi um elemento fundamental no constante processo de trocas, interações e confrontos entre tradições locais e codificações objetificadas com pretenções a serem a única "ortodoxia" que criou o mundo islâmico como sistema religioso universal.

# 2

# Divisões sectárias: Sunismo e xiismo

A constituição das duas principais divisões sectárias do islã, o sunismo e o xiismo,[38] foi fruto de um processo iniciado logo após a morte de Muhammad e que se consolidou por volta do século IX. Com a morte do Profeta, a questão da sua sucessão na liderança da comunidade muçulmana se colocou de maneira premente. A ausência de um herdeiro masculino inviabilizava o uso da tradição pré-islâmica de sucessão patrilinear e obrigou a comunidade muçulmana a decidir quais seriam os critérios de definição, atribuição e manutenção de poder que criariam lideranças legítimas.

Logo se formaram dois campos de opinião: aqueles que consideravam os membros da família do Profeta (*ahl al-bayt*) como seus únicos sucessores legítimos, uma vez que compartilhariam da sua natureza sagrada; e aqueles que enfatizavam a igualdade entre os fiéis, afirmando que qualquer muçulmano poderia suceder o Profeta desde que se mostrasse apto para

[38] Existem outras divisões sectárias de menor importância no mundo muçulmano, como o kharijismo, que teve uma grande importância no período formativo do islã, mas que hoje está praticamente restrito a Omã, onde é a origem do ibadismo, a tradição religiosa dominante, e à região do Mzab na Argélia.

tanto. O primeiro grupo, composto em parte por companheiros do Profeta em Medina, apoiava Ali, genro e primo distante de Muhammad, como candidato ao califado. Já o segundo grupo, composto por membros da antiga elite de Meca, apoiava Abu Bakr, pai de Aisha e sogro de Muhammad.

O grupo de aliados de Ali ficou conhecido como sendo o seu "partido" (*shi'a*). Gradualmente a palavra árabe "*shi'a*" foi sendo usada para designar o grupo sectário que se organizou em torno da devoção religiosa à família do Profeta: os xiitas. Em oposição, aqueles que evocavam apenas a tradição deixada por Muhammad (*sunna*), a qual, segundo eles, não incluiria as regras de sucessão, foram designados coletivamentes como sunitas.

O conselho (*shura*) reunido para a escolha do califa escolheu Abu Bakr (632-634), desapontando os aliados de Ali. Nas duas outras sucessões califais as pretenções de Ali foram novamente frustradas com a escolha de Omar (634-644) – que realizou a expansão do islã para fora da Península Arábica – e Othman (644-656). O favorecimento que Othman dispensava aos membros de seu clã, garantindo a eles cargos administrativos nas províncias do Império Árabe/Muçulmano, somado à marginalização religiosa dos familiares de Muhammad provocada por sua edição do Alcorão, levaram a uma revolta das guarnições estacionadas no Egito e no Iraque. Os revoltosos ocuparam Medina e assassinaram Othman.[39] Após a morte de Othman, Ali foi eleito califa em 656.

---

[39] A importância simbólica da edição do Alcorão no conflito aparece claramente em al-Tabari (séc. IX), que relata na história que Othman estava segurando um exemplar de sua edição do Alcorão no momento de sua morte. O assassino do califa, após executá-lo, teria ainda chutado o livro sagrado (Berque, 1995: 25).

A eleição de Ali poderia ter resolvido a divisão da comunidade muçulmana em dois campos opostos. Porém o califado de Ali enfrentou forças contrárias desde o seu início. A primeira oposição veio justamente de dentro da família do Profeta, a qual ele reivindicava representar, na figura de Aisha, viúva de Muhammad. Aisha lembrou a Ali que como califa ele deveria julgar e punir os assassinos de Othman. Obviamente Ali não poderia se voltar contra aqueles que haviam garantido a sua ascenção ao califado, e Aisha, aliada à elite de Meca, liderou uma revolta contra ele.

Ali venceu seus oponentes na Batalha do Camelo[40] em 656, mas no ano seguinte teve que enfrentar as tropas de Muawiya, governador da Síria e primo de Othman, na Batalha de Siffin. Como a batalha foi inconclusiva, Ali aceitou a mediação de um conselho de notáveis para decidir se o assassinato de Othman teria sido justificado ou não. A decisão de Ali provocou um cisma dentro de seu campo aliado, pois muitos a viram como uma fraqueza ou confissão de culpa. Aqueles que abandonaram o campo de Ali ficaram conhecidos como kharijitas (secessionistas).[41] Ali foi assassinado por um kharijita em 661, e Muawiya foi declarado califa e fundou a primeira dinastia islâmica, os Omíadas (661-750).

[40] Essa batalha ficou conhecida por esse nome porque os aliados de Aisha, diante da iminente derrota, ficaram em torno de seu camelo para protegê-la.

[41] Se os xiitas não reconhecem outra autoridade legítima além daquela exercida pelos membros da família de Muhammad, os kharijitas desenvolveram a ideia de que nenhuma autoridade é intrisicamente legítima, pois sua legitimidade está condicionada à subordinação às regras morais do islã.

Muawiya transferiu a capital do império árabe de Medina para Damasco. Na corte da nova capital, iniciou-se o processo de criação da civilização árabe-islâmica através da apropriação e fusão das heranças greco-romano-bizantina e persa e da cultura árabe. Apesar da vitória dos Omíadas, que também conseguiram que Hassan, o filho mais velho de Ali, renunciasse aos seus direitos sobre o califado, a questão da autoridade na comunidade muçulmana não estava resolvida. Com a morte de Muawiya em 680, o trono califal foi passado para o seu filho Yazid, porém o filho mais jovem de Ali, Hussein, reivindicou o califado para si, alegando que ele não havia renunciado aos seu direito de sucessão. Como a devoção à família de Muhammad continuava viva nas cidades-guarnições criadas para abrigar as tropas árabes nos novos territórios do império, logo Hussein recebeu o apoio das tropas estacionadas em Kufa, no Iraque.

Hussein saiu de Medina em direção a Kufa com seus familiares e aliados com objetivo de juntar forças com as tropas locais e partir para a conquista de Damasco. Porém, Yazid mandou seu exército para enfrentar o neto do Profeta antes que este conseguisse reforços em Kufa. Hussein e seus aliados foram cercados pelas tropas de Yazid na planície de Karbala e impedidos de alcançar as águas do Eufrates. O cerco se estendeu pelos dez primeiros dias do mês de Muharam, o primeiro do calendário islâmico, e terminou com uma batalha na qual Hussein e seus companheiros foram mortos pelos soldados de Yazid.

A morte de Hussein na Batalha de Karbala, em 680, entrou na memória coletiva dos xiitas como o episódio mítico de ruptura com os sunitas. O xiismo se constituiu uma linguagem religiosa de oposição à centralização do poder na corte imperial. A segunda dinastia islâmica, os Abássidas (750-

1258), iniciou sua carreira política como um movimento xiita de oposição aos Omíadas. Porém, após tomar o poder, os Abássidas adotaram o sunismo e criaram um governo ainda mais centralizado em Bagdá, que foi fundada como uma cidade planejada para a corte califal em 762-763.

O poder Abássida, por sua vez, viu-se confrontado com dinastias locais xiitas, tais como os Hamdânidas em Alepo ou os Buyidas no Irã, ou mesmo com califados xiitas rivais, como os Fatímidas, que fundaram o Cairo e governaram o Egito e a Síria do século X ao XII. O sunismo só ganhou força novamente no Oriente Médio a partir do século XII com a ascenção de dinastias não árabes, como os Aiúbidas (séc. XII-XIII), os Mamelucos (séc. XIII-XVI) e os Otomanos (séc. XVI-XX).

Porém a consolidação do xiismo e do sunismo como tradições sectárias distintas não se deu como uma ruptura abrupta, como supõe a narrativa mítica da batalha de Karbala. Essa separação foi fruto de um longo processo, no qual foram criados doutrinas, rituais e instituições específicas a cada uma das duas tradições. Assim, analisarei aqui algumas dessas instâncias de codificação das cosmologias e mecanismos disciplinares do sunismo e do xiismo.

### *As tradições do profeta: O hadith*

O Alcorão é entendido pelos muçulmanos como a palavra direta de Deus; assim, ele não registra as palavras e atos do próprio Muhammad a não ser que estes sejam referidos pelo discurso divino. Os registros orais das palavras e atos do Profeta adquiriram uma grande importância após sua morte, quando passaram a ter um valor normativo que complementava o texto corânico. Em um primeiro momento, aqueles que haviam convivido com Muhammad, em particular os membros de sua família, eram a fonte principal dessa tradição oral. Com o passar do tempo, porém, começaram a proliferar tradições apócrifas, e após algumas gerações os muçulmanos tinham à sua disposição milhares de relatos contraditórios sobre os ditos e os atos de Muhammad.

Essa proliferação de tradições sobre Muhammad, conhecidas em árabe como Hadith, levou a uma saturação da vida do Profeta como campo discursivo investido de exemplaridade, ameaçando o seu valor normativo para as sociedades muçulmanas. Esse fenômeno foi contrabalançado a partir do século IX pela emergência dos especialistas da religião, os *'ulama*, como grupo social com uma arena de atuação específica. Para evitar a possibilidade de adições *ad infinitum* de relatos sobre o Profeta, regras de autenticação dos Hadith foram elaboradas pelo jurista e *'ulama* Muhammad al-Shafi'i (m. 820).

Segundo al-Shafi'i as tradições que remontassem a Muhammad teriam precedência sobre qualquer tradição de Meca ou Medina. O vínculo de um relato com o Profeta deveria ser comprovado com uma genealogia (*isnad*) de transmissores, cuja credibilidade seria averiguada pelo que sua biografia revelasse sobre o seu caráter e religiosidade. Assim, os Hadith foram hierarquizados em Hadith "fortes", aqueles que possuem uma cadeia de transmissão ininterrupta até o Profeta, e Hadith "fracos", aqueles cuja cadeia de transmissão apresenta lacunas.

Seguindo essas regras, compiladores elaboraram seis coleções de Hadith aceitas pelos sunitas. Duas dessas coleções, a de al-Bukhari e a de al-Muslim, adquiriram um grande prestígio, pois somente incluíam Hadith "fortes". Os xiitas desenvolveram suas próprias coleções de Hadith, pois, embora usassem uma crítica da cadeia de transmissão semelhante àquela dos sunitas, discordavam da avaliação dos transmissores. Por exemplo, os Hadith transmitidos por Aisha, esposa de Muhammad, são considerados fortes pelos sunitas, uma vez que ela conviveu com o Profeta, e falsos pelos xiitas, devido à oposição que ela fez ao califado de Ali.

### *A linhagem do profeta: Os imams xiitas*

Após a morte de Hussein em Karbala, os seus seguidores se organizaram em torno da liderança carismática de seu filho Ali Zeiyn al-'Abidin (m. 713) e seus descendentes. Os membros masculinos da linhagem de Ali passaram a ser considerados como *imams* (líderes) que iriam guiar os "verdadeiros" fiéis diante da provação criada pela derrota política de seu projeto para a comunidade muçulmana. A perseguição dos xiitas pelos califas Omíadas e Abássidas, aos quais é atribuído o assassinato de todos os *imams*, levou-os a desenvolver vários mecanismos doutrinais que permitissem continuar a existir como comunidade religiosa em um ambiente social e político hostil.

Um desses mecanismos era o princípio da *taqiya* (dissimulação), que permitia aos xiitas ocultarem as suas crenças em situações de risco pessoal ou coletivo. A *taqiya* encontrava a sua base no fato de que, ao lado das doutrinas exotéricas, os xiitas desenvolveram uma teologia esotérica corporificada na existência exemplar dos *imams*. Assim, as verdades religiosas não eram completamente expressas no discurso público, devendo ser alcançadas no nível experiencial e existencial através da identificação com a *persona* sagrada dos *imams* (Richard, 1995: 34-48).

Os *imams* se sucediam por descendência patrilinear, criando uma cadeia genealógica com Ali e, através dele, Muhammad. Os círculos xiitas começaram a desenvolver uma identidade religiosa comum a partir de codificações da tradição islâmica feitas sob a liderança carismática dos *imams*. Uma figura central nesse processo foi o sexto *imam*, Ja'far al-Sadiq (m. 765), que foi o primeiro codificador da lei islâmica (*shari'a*) e o criador dos fundamentos da escola já'fari (xiita) de jurisprudência.

A sucessão do *imam* Já'far criou o principal cisma dentro da corrente religiosa do xiismo.[42] Seu filho mais velho e sucesor designado, Ismail, morreu antes dele, em 755. A maioria dos xiitas aceitou Musa al-Kazim (m. 799) como o sétimo *imam*, porém os discípulos de Ismail viram nisso uma contradição com a doutrina de onisciência atribuída aos *imams*, pois Já'far deveria saber que seu filho morreria antes dele. Assim, esse grupo se recusou a reconhecer Musa como o sétimo *imam* (Richard 1995: 34-39).

Ismail era ligado a círculos filosóficos que desenvolveram uma teologia esotérica a partir de princípios neoplatônicos.

---

[42] A sucessão do quarto *imam* Ali Zeyn al-'Abdin (m. 713) já havia gerado um primeiro cisma quando um grupo apoiou Zayd (m. 740) na sua disputa com seu irmão Muhamad al-Baqir (m. 732) pelo título de *imam*. Esse grupo ficou conhecido como os Zayditas e é atualmente a corrente religiosa predominante no Iêmen.

Os seus seguidores haviam levado essa teologia esotérica ao ponto de divinizar os *imams*, afirmando que eles seriam manifestações do *logos* divino. Assim, para seus seguidores, Ismail não teria morrido, e sim entrado em um estado de ocultação, de onde voltaria no Juízo Final. Esse grupo ficou conhecido como Ismailitas, desenvolvendo uma teologia esotérica baseada em mistérios iniciáticos controlados por uma casta de *shaykhs* (líderes religiosos) que guiam a comunidade.

Os ismailitas[43] deram origem ao ramo dos xiitas setimanos (aqueles que só reconhecem até o sétimo *imam*), dos quais ainda saíram os druzos,[44]os nizaris (conhecidos no Ocidente como a seita dos "assassinos") e os Ahl al-Haqq[45] (o "povo da verdade"). Aqueles que aceitaram Musa al-Kazim como *imam* continuaram como um grupo coeso até o décimo primeiro *imam*, quando houve um novo cisma que deu origem aos alauítas[46]. O ramo principal dos xiitas aceitou a sucessão dos *imams* até o décimo segundo Muhammad al-Mahdi, que teria entrado em estado de ocultação em 874, do qual somente

---

[43] Os ismailitas existem atualmente na Síria e na Índia, onde são conhecidos como Bohras. A maior parte dos ismailitas segue a autoridade religiosa do Agha Khan.

[44] Os druzos existem atualmente na Síria, Líbano e Israel. Apesar de terem sua origem histórica no ismailismo, os druzos não se reconhecem como parte do xiismo.

[45] Os Ahl al-Haqq existem atualmente no Iraque e no Irã, onde passam por um processo de reforma religiosa que visa uma aproximação com o xiismo duodecimano oficial da República Islâmica do Irã.

[46] Os alauítas estão presentes na Síria, onde constituem cerca de 12% da população, no Líbano e na Turquia. A genealogia religiosa dos alauítas é extremamente complexa, uma vez que inclui vertentes setimanas, undecimanas e duodecimanas (*ja'fari*) (Mervin, 2002).

sairá no Juizo Final.[47] Assim, o xiismo desenvolveu um forte componente milenarista que influenciou vários movimentos reformistas no decorrer de sua história.

Aqueles que aceitaram a sucessão dos *imams* até Muhammad al-Mahdi ficaram conhecidos como duodecimanos ou já'faris e atualmente constituem o grupo mais numeroso entre os xiitas.[48] Os já'faris desenvolveram um elaborado sistema de reflexão teológica (*kalam*) e jurisprudência (*fiqh*) que permitiu uma codificação textual e discursiva da tradição xiita. No entanto, o desenvolvimento de uma teologia esotérica codificada na *persona* exemplar dos *imams* fez com que a mobilização ritual e devocional dos fiéis em torno dessas figuras sagradas fosse um elemento central no processo de construção da identidade xiita.

### *Os especialistas da religião: Os 'ulama*

Os três primeiros séculos do islã foram marcados por uma grande efervecência intelectual. As diferentes interpretações sobre o texto corânico deram origem a debates teológicos enriquecidos com conceitos e reflexões derivados da teologia cristã, da filosofia grega e do pensamento persa. Os árabes muçulmanos haviam entrado em contato direto com essas tradições intelectuais ao conquistarem grande parte do império bizantino e o império persa. O interesse pela ciência, filosofia e literatura dos

[47] A figura do Mahdi também é presente no milenarismo sunita.

[48] Os xiitas duodecimanos ou já'faris possuem comunidades expressivas no Irã (90% da população), Iraque (60%), Líbano (30%), Bahrain e Paquistão (25%).

gregos e persas foi incentivado pelos califas. A tradução de textos gregos, siríacos e persas para o árabe foi iniciada sob os Omíadas e recebeu grande impulso com a fundação da Bait al-Hikma (Casa da Sabedoria) em Bagdá, criando as bases da nova síntese que viria a ser conhecida como civilização islâmica.

O pouco interesse dos califas omíadas em questões estritamente teológicas permitiu o desenvolvimento de diversas correntes de pensamento dentro do campo da teologia (*kalam*). No entanto, a consolidação da dinastia Abássida a partir da segunda metade do século VIII colocou de forma aguda a necessidade de os califas se posicionarem no debate teológico, uma vez que essa dinastia ascendeu ao poder com o discurso de restauração da legitimidade religiosa do califado. Assim, os primeiros califas abássidas procuraram estabelecer uma ortodoxia religiosa aliando-se com os representantes de determinadas posições teológicas contra os portadores de opiniões divergentes.

No século IX, quando se estabeleceu efetivamente a interferência dos califas no debate religioso, existiam quatro posições teológicas dominantes: os mu'tazilitas, que eram racionalistas estritos; os estudiosos do Hadith, que consideravam a palavra revelada no Alcorão como sendo imune a uma crítica racional; os asha'ritas,[49] que tentaram uma fusão entre as duas posições anteriores e pregavam uma teologia racionalista que aceitava a transcendência da razão divina; e os sufis, místicos que pregavam uma abordagem intuitiva e experiencial à verdade divina.

O ponto de discórdia entre as quatro posições era a natureza do texto corânico. Para os mu'tazilitas, o Alcorão não poderia ser uma extensão da realidade divina, pois isso iria contra a

[49] Nomeados a partir do fundador dessa corrente: al-Asha'ri (m. 935).

transcendência e a unicidade de Deus. Além disso, continuavam os adeptos dessa corrente teológico-filosófica, a compreensão humana da razão divina era imperfeita e mediada pela língua, o que fazia com que a codificação da revelação no Alcorão fosse uma criação humana apenas inspirada pela mensagem divina. Esses racionalistas *avant la lettre* propunham uma reflexão teológica submetida às regras de um formalismo lógico de cunho aristotélico. Assim, para eles, tudo no texto corânico que se conformasse com a lógica racional poderia ser aceito como parte da revelação divina, e tudo que escapasse a essa lógica deveria ser descartado como uma distorção humana da mesma.

Os estudiosos do Hadith e os 'asharitas repudiavam essa visão que equiparava a razão divina à reflexão filosófica humana. Para eles, a mensagem profética contida no texto corânico era parte da onisciência divina e, por isso, era incriada e eterna. Para os estudiosos do Hadith, a razão divina era inescrutável; logo, o texto corânico deveria ser seguido da forma mais literal possível. Já para a visão asha'rita, a razão divina seria transcendente à reflexão racional humana, a qual teria de se contentar com uma exegese hermenêutica do texto sagrado para decifrar o significado da mesma.

Os sufis consideravam o Alcorão uma manifestação do *logos* divino, concordando com os asha'ritas sobre seu caráter eterno e incriado. Porém eles divergiam da posição asha'rita ao considerarem que a razão divina estaria codificada não no significado do texto, mas no saber esotérico que ele continha. Para o sufismo, esse saber esotérico não poderia revelar suas verdades através da sua decodificação intelectual, mas sim por meio das experiências místicas alcançadas através dele.

O califa al-Ma'mun (813-833) colocou-se ao lado dos mu'tazilitas e declarou que o Alcorão era uma criação humana que deveria ser entendida apenas por meio da lógica racionalista e criou um tribunal para julgar e punir todo aquele que declarasse publicamente opiniões contrárias à doutrina mu'tazilita. Esse tribunal foi conhecido como *mihna*, que os autores anglo-saxões costumam traduzir como "inquisição". Essa transposição de termos da história cristã pode ser enganadora, pois, apesar da preocupação da *mihna* com crimes de opinião, tais como a propagação de doutrinas contrárias à ortodoxia promovida pelo califado, ela se distingue da inquisição católica por focalizar apenas nos discuros públicos. Os agentes da *mihna*, ao contrário dos inquisidores católicos, não se interessaram em tipificar crimes de consciência que se expressassem em discursos e atos restritos à esfera privada ou doméstica.

Os mu'tazilitas se utilizaram dessa "inquisição racionalista" para perseguir seus oponentes no debate teológico, porém o resultado foi uma perda da base social por parte dos mu'tazilitas e uma crescente popularidade das posições dos sufis e estudiosos do Hadith. Estes passaram a investir na criação de uma base social para suas posições teológicas através do desenvolvimento de técnicas discursivas e performáticas de comunicação, tais como os rituais sufis e a pregação (*wa'z*), as quais permitiram a propagação de suas ideias. Essas novas "tecnologias culturais" permitiram a difusão social e a aceitação cultural das visões de mundo dos sufis e especialistas do Hadith. O investimento intelectual na pregação foi tamanho que ela se tornou um gênero discursivo específico com regras estilísticas e retóricas próprias.

Os mu'tazilitas consideraram a sua aliança com o poder califal suficiente para impor suas doutrinas à sociedade. Isso fez com que eles se isolassem em um hermetismo filosófico de cunho elitista. Assim, para a população, a *mihna* parecia uma perseguição ligada à defesa de privilégios de um grupo de intelectuais ligados ao poder;

afinal, a última instância de decisão do que seria racional ou não era a própria definição de razão feita pelos mu'tazilitas. Por outro lado, os sufis e os estudiosos do Hadith conseguiram impor-se como defensores da autonomia do campo religioso e do debate intelectual contra a arbitrariedade do poder estatal e de seus aliados.

A impopularidade da *mihna* e a crescente base social dos sufis e dos estudiosos do Hadith levou o califa al-Mutawakkil (847-861) a transferir sua aliança para estes e a perseguir brutalmente os mu'tazilitas. O isolamento social dos mu'tazilitas fez com que a perseguição pudesse neutralizar efetivamente sua presença no debate religioso, sendo suas posições intelectuais estigmatizadas até a era moderna. A repressão aos mu'tazilitas pôs fim à *mihna* e levou a um novo *modus vivendi* entre o poder califal e os especialistas religiosos, os *'ulama*. Estes saíram bastante fortalecidos do confronto e conseguiram efetivamente impor seu monopólio sobre a produção da ortodoxia religiosa.

Do século IX em diante os califas não interferiram mais em questões doutrinais do islã e, em troca, os *'ulama* legitimavam o poder dos governantes como "defensores do islã" e garantidores da ordem social. Houve também uma separação entre a lei secular (*qanun*), que era promulgada pelos governantes, e a lei islâmica (*shari'a*), que era domínio dos especialistas religiosos. Essa configuração das relações entre o campo político e o religioso mostra uma efetiva separação e divisão de trabalho entre essas esferas da vida social.

Isso vai contra a tradicional visão orientalista que se tornou corrente mesmo entre os adeptos do "islã político" contemporâneo que prega que no islã não haveria separação entre religião e política. Embora a acomodação entre os *'ulama* e o poder político dos califas, sultões e emires tenha sido bastante sólida, os conflitos foram recorrentes por toda a história da civilização islâmica. Não foram raros os casos de *'ulamas* e *shaykhs* (líderes religiosos) que denunciaram a corrupção do poder dos governantes e se opuseram às suas políticas. Isso pode ser visto na oposição que os *shaykhs* sufis fizeram aos últimos sultões da dinastia Mameluca no Egito do século XVI ou ao papel dos mullahs xiitas na deposição de xás das dinastias Safavida e Qajar no Irã dos séculos XVII e XVIII.

É significativo que nunca tenha havido no mundo islâmico nada semelhante às monarquias divinas da Europa cristã. Nem mesmo a teologia política teve um desenvolvimento importante no mundo muçulmano, sendo a política e o Estado pensados a partir da capacidade do governante de monopolizar a *sulta* (força/poder) em um território. Os especialistas da religião se encarregaram de pensar os limites morais do exercício legítimo do poder, mas eles não se ocuparam da natureza do poder – salvo afirmarem continuamente a regra geral de que o único poder verdadeiro pertence a Deus – ou do funcionamento interno do Estado. Assim, podemos dizer que o fracasso da tentativa do poder califal em controlar a produção de discursos e interpretações no campo religioso levou à autonomização do mesmo sob o comando dos especialistas da religião, os *'ulama*.

### *As instituições de saber e a produção da Lei Islâmica*

A emergência dos *'ulama* como grupo social não implicou a criação de uma instituição centralizada que rotinizasse o poder religioso em cargos de uma burocracia clerical, como ocorreu nas igrejas ortodoxa, católica e anglicana. Entre os sunitas houve um processo de especialização de funções baseado no grau de capacidade interpretativa dos textos sagrados que cada uma delas exige. Essas funções podem estar concentradas em uma mesma pessoa, desde que ela possua as qualificações intelectuais e a capacidade performativa para desempenhá-la.

Assim, o termo geral *shaykh* é usado para designar um líder religioso, enquanto o termo *'alim* (pl. *'ulama*) é usado para designar seu saber como especialista religioso. Ao liderar o ritual das orações ele é um *imam* e ao proferir um sermão (*khutba*) ele é um *khatib*. Os especialistas em jurisprudência islâmica (*fiqh*) são os *fuqaha* (sing. *faqih*, jurisconsulto). Por fim, caso o saber religioso e jurídico permita a um especialista da religião emitir pareceres jurídicos (*fatwa*), ele também é um *mufti*.

Entre os xiitas, os especialistas da religião estão dispostos em uma hierarquia organizada não apenas em relação ao saber textual que possuem, mas também ao saber esotérico que lhes permite mediar a relação entre os fiéis e os *imams*. No nível mais baixo da hierarquia, estão os *mullahs*, aqueles que tiveram uma educação religiosa básica e desempenham funções rituais e doutrinais nas mesquitas. A partir do século XVII, surge a classe dos *ayatollahs*, os que teriam o nível mais avançado de estudos teológicos e jurídicos. Por fim, os grandes *ayatollahs* podem ser designados *marja'* (fonte de inspiração), o que significa que representariam os *imams* e deveriam ter suas palavras e atos emulados pelos seus seguidores.

A afirmação dos *'ulama* como um grupo social definido a partir de determinado saber levou a um processo de organização social das formas de transmisão dos saberes religiosos e mesmo não religiosos no mundo islâmico. Como o poder e prestígio social dos *'ulama* derivava de seu saber, logo se desenvolveram instituições voltadas para o controle da transmissão e da consagração do conhecimento nas sociedades muçulmanas. Essas instituições pedagógicas que serviam tanto como arenas facilitadoras da difusão de saberes científicos, filosóficos e religiosos quanto como instâncias de controle da consagração e transmissão dos mesmos foram denominadas de *madrassa* (escola; lit. "local de estudo").

As primeiras *madrassas* surgiram em Bagdá no século IX e logo se tornaram o centro das disputas intelectuais e da criação cultural que marcou esse período. Embora algumas *madrassas* prestigiosas contassem com o patronato dos governantes – como a *Nizamiyya* de Bagdá, que foi criada e financiada por Nizam al-Mulk, vizir dos califas Abássidas –, a maior parte delas foi criada e sustentada pela iniciativa privada de comerciantes, artesãos e proprietários de terra (Makdisi, 1981).

A enorme expansão das *madrassas* a partir do século IX se deveu à existência da figura da propriedade *waqf* na lei islâmica. O *waqf* é uma instituição privada devotada ao bem comum. A propriedade do *waqf* pertence à comunidade muçulmana ou, em última instância, a Deus, e por isso não pode ser despropriada pelos governantes. Assim, o *waqf* permitiu às famílias preservar e garantir a transmissão de capital a seus descendentes, que eram nomeados "curadores" no documento de fundação do *waqf*, durante o período de instabilidade política que se instaurou com o declínio do califado Abássida a partir do século X (Chamberlain, 1997).

A transformação de propriedades familiares em *waqf* destinados a criar e manter instituições de ensino encontrava justificativa religiosa no Hadith, no qual Muhammad diz aos muçulmanos "Buscai o saber até na China". A autonomia que o sistema de *waqf* dava às *madrassas* permitiu uma enorme diferenciação entre elas, impedindo que uma única linha de pensamento se instaurasse e permitindo a emergência de um dinâmico campo intelectual. Em pouco tempo as *madrassas* se tornaram o modelo dominante de consagração e transmissão de conhecimento no mundo islâmico.

Com o declínio de Bagdá, novos centros de estudo e conhecimento surgiram, tais como Cairo, Damasco, Alepo, Nishapur, Tus, Fez, Qairuan e Meca. A expansão do sistema das *madrassas* também permitiu a consagração do conhecimento como um dos principais elementos de distinção e prestígio nas sociedades muçulmanas. O controle e legitimação da elite intelectual que era produzida pelas *madrassas* era garantido pelas disposições cognitivas inculcadas pelas práticas pedagógicas centradas na memorização de conteúdos e expressão de capacidades analíticas e retóricas em debates escolásticos (Eickelman, 1985; Fischer, 2003; Chamberlain, 1997).

Embora a *madrassa* tivesse seus antecessores nas instituições de ensino gregas, romanas, persas, cristãs e judaicas, ela constituía um sistema original. Foram as *madrassas* que criaram um sistema de certificação da competência de cada estudante nos diversos campos do saber. A adaptação do modelo das *madrassas* na Europa, a partir do século XI, deu origem às universidades (Makdisi, 1981). As *madrassas* não possuíam um currículo fixo, mas sim um conjunto de mestres que davam suas lições sobre temas de sua especialidade em Filosofia, Teologia, Direito, Matemática, Medicina etc. Ao final dos estudos, o aluno recebia uma *ijaza* (diploma/certificado) no qual estava escrito que tópicos foram estudados com cada mestre.

O estudo da lei islâmica (*shari'a*) ocupava um lugar central nas *madrassas*, pois era um dos elementos da educação dos *'ulama* e abria caminho para carreiras prestigiosas no aparato judicial do Estado. A crise intelectual provocada pela *mihna* fez com que a jurisprudência (*fiqh*) suplantasse a teologia (*kalam*) como campo hermenêutico de exegese da mensagem divina. A autonomia intelectual que as *madrassas* garantiam permitiu a emergência de diferentes escolas jurídico-rituais (*madhhab*). Cada escola era nomeada a partir de seu fundador e reunia uma ortopraxia dos rituais islâmicos, um sistema de exegese corânica e uma hermenêutica jurisprudencial.

Das nove escolas de jurisprudência sunita que surgiram em Bagdá, no século IX, quatro chegaram aos nossos dias: Hambali, Maliki, Hanafi e Shafi'i. A principal diferença entre elas está no peso que cada uma dá à livre interpretação (*ijtihad*) na construção da lei islâmica, com os hambalis optando por uma leitura literalista das fontes do direito e os shafi'is as utilizando como referências primeiras em uma cadeia interpretativa. Inicialmente a adesão a cada uma dessas escolas dava-se pelo convencimento dos indivíduos, e a partir do século XIII a ascenção das dinastias Ayubida, Mameluca e Otomana deu uma territorialidade a cada uma delas devido ao apoio que receberam das diferentes dinastias reinantes.

Seria equivocado pensar na lei islâmica como um "código" fixo ao qual se aplicariam diferentes procedimentos interpretativos. Na verdade a *shari'a* tal como ela foi codificada no período Abássida consistia de uma combinação hierarquizada de fontes normativas com procedimentos hermenêuticos que eram mobilizados, selecionados e atualizados em cada contexto específico. A fonte primordial da *shari'a* é o Alcorão, devendo as injunções jurídicas nele presentes ser, ao menos em princípio, aplicadas. Porém, como já foi mostrado neste livro, as decisões jurídicas no texto corânico são poucas e bastante específicas – logo, não poderiam dar conta dos diversos conflitos de sociedades complexas como as existentes no mundo muçulmano. O Hadith aparecia então como fonte normativa para resolver conflitos que não estão colocados no Alcorão. Do mesmo modo, o Hadith apresentava claros limites para resolver conflitos em contextos sociais e culturais distintos daqueles presentes na Arábia do século VII.

Uma vez esgotada a possibilidade de referência direta dos textos sagrados, deveria-se recorrer à analogia (*qiyas*) entre os textos sagrados e a situação a ser julgada. Na impossibilidade de analogia, entrava-se no universo da interpretação, devendo pautar-se primeiro pelo consenso interpretativo *(ijma')* criado pela tradição dos grandes juristas. Na falta deste, o especialista estaria livre para dar seu parecer segundo sua interpretação individual (*ijtihad*). Como último recurso, os costumes locais *('urf)* poderiam ser levados em consideração como fonte de jurisprudência. Assim a sequência de procedimentos para a produção de um parecer jurídico (*fatwa*) sobre um determinado caso é:

Consulta ao Alcorão
Consulta ao Hadith
Analogia (*qiyas*)
Consenso *(ijma')*
Interpretação Individual (*ijtihad*)
Costume Local *('urf)*

Esses procedimentos dizem respeito à jurisprudência (*fiqh*), que no universo jurídco da *shari'a* diz respeito à produção de um discurso que aplica a normatividade jurídica sobre um aspecto específico da vida social. Para ter efeito de lei, esses pareceres jurídicos, as *fatwas*, devem ser levados ao conhecimento de um *cadi* (juiz) que dará uma sentença sobre o caso. Desse modo, a lei islâmica é formada pela interação entre a jurisprudência, que é mobilizada pelas partes interessadas do processo,[50] e o julgamento que transforma esses pareceres em lei aplicável a cada caso específico, segundo o contexto social e jurídico do mesmo.

Por isso, pensar a *shari'a* como um código fixo cujo conteúdo seria aplicado sistematicamente em todos os contextos sociais e históricos é equivocado. Na verdade a lei islâmica constitui-se como sistema jurídico a partir de um conjunto de procedimentos analíticos que conectam a realidade social a um quadro de referências gerais, criando precedentes de opinião/interpretação e de julgamento/legislação. Nesse sentido os procedimentos de produção da verdade jurídica da *shari'a* assemelham-se mais aos da *common law* anglo-saxã que aos do direito da tradição continental europeia (Rosen, 2002).

Esse sistema permitiu um alto grau de adaptabilidade da lei islâmica a contextos sociais específicos, islamizando práticas culturais e permitindo que as regras e os valores codificados na *shari'a* adquirissem significados culturais locais. Embora os procedimentos jurídicos da *shari'a* reivindiquem uma normatividade universal, sua classificação e aplicação é indissociável de padrões cognitivos culturalmente construídos. A diferença entre o que é classificado como "costumeiro" (*'urfi*, *'adat*) e "*shara'i*" (referente à *shari'a*) varia enormemente entre diferentes grupos sociais e tradições culturais dentro do mundo islâmico.

---

[50] Cada parte procura jurisconsultos que deem pareceres favoráveis a seus interesses.

Por exemplo, o texto corânico estipula que na partilha da herança as mulheres devem receber a metade do montante devido aos herdeiros homens, o que é seguido por todas as *madhhabs* sunitas. Porém os jurisconsultos xiitas consideram que tal regra deriva dos costumes tribais da Arábia do século VII, pois contradiz o princípio de igualdade entre os muçulmanos, e recomendam que todos os herdeiros, homens e mulheres, recebam partes iguais da herança. Da mesma forma, a reclusão das mulheres no espaço doméstico (*purda*) praticada no Afeganistão e no Paquistão é considerada pelos muçulmanos locais como parte da *shari'a*, enquanto muçulmanos de outros locais veem nisso apenas costumes locais.

Assim, as *madrassas* permitiram a constituição dos *'ulama* como grupo social, dando aos seus membros mecanismos de controle da sua reprodução social. A expansão das *madrassas* por todo o mundo islâmico também permitiu a consagração do saber textual como signo de distinção cultural e prestígio social. A emergência da jurisprudência (*fiqh*) como arena privilegiada de reflexão intelectual sobre o significado social da mensagem corânica fortaleceu a posição sunita de busca da verdade religiosa na decodificação da estrutura normativa do texto sagrado. Assim, as *madrassas* constituíram um instrumento de expansão do sunismo por todo o mundo islâmico.

### *Rituais de luto e memória: 'Ashura e ta'ziya*

Embora os xiitas tenham participado ativamente do movimento de codificação dos princípios da *shari'a*, sua participação nas *madrassas* foi inibida pela violenta perseguição que os califados omíada e abássida fizeram de qualquer afirmação pública das suas doutrinas. Assim, a transmissão das doutrinas xiitas se fazia em círculos de estudo organizados em torno da figura carismática dos *imams* ou dos especialistas religiosos. Esses círculos de estudo deram origem às *madrassas* xiitas, também conhecidas como *hawza* (de *al-hawza al-'ilmiyya*, lit. "território/propriedade do saber"), que emergiram nos centros de peregrinação onde os xiitas eram majoritários, como Najaf e Qom (Fischer, 1980).

Se o estudo da tradição textual gerou instituições de ensino similares entre sunitas e xiitas', a dimensão esotérica da teologia xiita centrada na devoção aos membros da família de Muhammad gerou outras formas de codificação e transmissão religiosa. Os círculos de devotos dos *imams* se dedicavam, além de ao estudo dos textos sagrados, a manter viva a memória do martírio de Hussein em Karbala. O caráter mítico adquirido pela batalha de Karbala foi acrescido de uma dimensão dramática através dos gêneros retóricos e literários que se desenvolveram em função de sua rememoração ritual. Elegias, conhecidas como *ta'ziyya*, eram compostas e recitadas nas reuniões xiitas durante a 'Ashura (os dez primeiros dias de Muharram, o primeiro mês do calendário islâmico, quando ocorreu a Batalha de Karbala), mobilizando emocionalmente os participantes a se identificarem com as personagens do "drama de Karbala" e a lamentarem seu destino trágico (Aghaie, 2004; 2005).

No século X, os rituais de lamentação que marcavam a 'Ashura passaram a ser realizados em público com apoio dos Buídas, uma dinastia xiita estabelecida no sul do Irã que passou a deter o poder em Bagdá com o declínio do califado abássida. Nessa época os rituais adquiriram uma dimensão espetacular na esfera pública, com processões nas quais eram levados objetos sagrados ou evocativos do drama de Karbala (bandeiras, réplicas dos objetos de Hussein e sua família etc.) e os participantes expressavam a dor e desespero do luto por Hussein (Aghaie, 2005).

Com a surgimento da dinastia Safávida no século XVI, que fez do xiismo a forma oficial de islã no Irã, os rituais adquiriram uma dimensão ainda mais dramática, incluindo a expressão de dor e luto através de golpes no próprio peito e cabeça (*tatbir*) e mesmo do uso de facas e navalhas para fazer cortes na testa e no couro cabeludo (*latam*) de modo que o sangue vertido represente o martírio de Hussein e de seus companheiros. A própria recitação do drama (*ta'ziyya*) tornou-se uma forma de teatro sagrado única no mundo islâmico, passando a incluir recriações do drama de Karbala com atores fazendo o papel dos protagonistas. A teatralização da *ta'ziyya* permitiu que os cléricos xiitas transformassem os dogmas básicos do xiismo em um paradigma cultural familiar à maioria da população do Irã (Fischer, 2003).

Assim, o Irã se tornou o centro do mundo xiita, servindo de base para a expansão do xiismo para a Ásia, Central e a Índia. Os rituais criados em torno da rememoração do drama de Karbala foram centrais na expansão do xiismo na Ásia, a partir do século XVI. Apesar disso nem todas as comunidades xiitas desenvolveram ou incoporaram esse grau de teatralização ritual. As seitas esotéricas do xiismo, tais como os ismailitas, alauítas e alevis, não possuem tais rituais públicos ou os possuem de forma bastante discreta. Os xiitas duodecimanos que viviam sob o controle direto de regimes sunitas, tais como as comunidades xiitas de Damasco e Alepo, não podiam celebrar sua devoção à família do Profeta com rituais que lhes dessem demasiada visibilidade no espaço público, como procissões e performances de autoflagelação.

### *A consolidação das diferenças sectárias*

Como foi visto, a formação das correntes sectárias dentro do islã foi fruto de um longo processo que se iniciou no século VII com as divergências entre diferentes grupos sobre as regras de sucessão na liderança da comunidade muçulmana e culminou na definição de tradições religiosas distintas. A consolidação da fronteira sectária entre o sunismo e o xiismo se deu através da produção de diferenças doutrinais e rituais e sua organização em sistemas normativos próprios a cada uma das duas tradições.

No entanto, nem todo o processo de diferenciação religiosa no islã levou à criação de comunidades sectárias. O surgimento e consolidação da vertente mística do islã conhecida como sufismo se deu concomitantemente à separação entre o sunismo e o xiismo. Porém, o sufismo não produziu uma nova fronteira sectária, mas sim constituiu uma corrente doutrinal e ritual que se desenvolveu tanto no sunismo quanto no xiismo. Assim, nós nos voltamos agora para o sufismo de modo a completar a análise das principais vertentes da tradição clássica do islã.

# 3

# A vertente mística: O sufismo

O termo sufismo (*tasawwuf*) designa as correntes místicas do islã que foram organizadas em torno de um conjunto de doutrinas, rituais e formas de afiliação coletiva que caracterizam uma determinada tradição esotérica ou "via" mística (em árabe *tariqa*, pl. *turuq*). A palavra *tariqa*, que geralmente é traduzida como "ordem Sufi", refere-se a duas realidades distintas porém complementares: o conjunto de doutrinas, rituais e práticas iniciáticas que constituem uma determinada tradição mística e a organização social dessa tradição em padrões de autoridade religiosa, formas de transmissão do saber esotérico e construções da experiência religiosa.

O sufismo emergiu no período formativo do islã, através da interpretação esotérica de determinados versos e passagens da revelação corânica. As palavras sufismo (*tasawwuf*) e sufi (*sufi*, pl. *sufiyun*), que designa seus adeptos, possuem duas origens filológicas consagradas: ambas seriam derivadas da palavra árabe *suf* (lã) em uma referência ao material das roupas usadas pelos primeiros ascetas e místicos no islã,[51] conforme a interpretação favorecida pelos estudiosos ocidentais. Os *shaykhs* sufis que encontrei durante meu

[51] Os adeptos da via ascética no sufismo são denominados de *faqir* ou *darwish*, termos que significam literalmente "pobre", indicando a sua renúncia completa aos bens materiais.

trabalho de campo na Síria ofereciam outra explicação filológica, ligando o termo sufismo à palavra *safá'* (purificação), enfatizando a ascese moral que acompanha o misticismo islâmico.

Segundo os sufis, a dimensão mística do islã já estaria presente na própria revelação corânica. Versos como "E, com efeito, criamos o ser humano e sabemos o que a alma lhe sussurra. E Nós estamos mais próximos dele que a veia jugular" (Alcorão, 50:16) foram comentados em tratados sufis desde os primeiros séculos do islã. A interpretação esotérica que os sufis fizeram dos versos corânicos engendrou uma enorme densidade de significados que permitiu a emergência do misticismo sufi como uma das ciências religiosas reconhecidas e ensinadas nas *madrassas* do mundo árabe, desde o século XIV.

Para além das inúmeras variações doutrinais e rituais entre as comunidades sufis, pode-se afirmar que o sufismo se baseia na distinção entre duas formas de conhecimento: o saber exotérico (*zahiri*), que deriva da percepção sensorial do mundo material, e o saber esotérico (*batini*), atingido através de uma relação experiencial com a realidade/verdade divina (*haqiqa*)[52]. De acordo com os mestres sufis, quanto menos mediada pelos sentidos e pelas convenções culturais for a apreensão da realidade, mais próxima ela estará da realidade/verdade divina. Assim, na tradição sufi, o conhecimento que é adquirido por esforço intelectual e codificado em discursos é mais superficial e incompleto do que aquele adquirido através da experiência mística e corporificado como parte do self/ego individual.

---

[52] Em árabe a palavra *haqiqa* quer dizer tanto "verdade" quanto "realidade" e é usada pelos sufis para designar tanto o universo das essências que compõem a realidade divina quanto o próprio Deus.

A hierarquia sufi do saber começa com o conhecimento intelectualmente apreendido (*'ilm*) sobre a realidade física ou as verdades doutrinais e segue por uma escala de saberes que se tornam cada vez mais experienciais e revelados conforme se aproximam da verdade divina. As outras etapas da escala são a revelação (*ma'rifa*), a gnose (*'irfan*) e, como fim hipotético, o *fana' f-llah* (dissolução do ser na realidade divina) ou o *fana' bi-l-tawhid* (dissolução do ser na unidade divina). O *fana'* seria seguido pelo *baqa'* (retorno do ser à realidade material).[53]

Esse percurso em direção à dissolução do ser na essência divina teve sua mais complexa elaboração nos escritos místicos de Ibn 'Arabi al-Mursi, místico sufi nascido em Múrcia, na Espanha muçulmana, em 1165 a.d. e falecido em Damasco, em 1240 a.d. Ibn 'Arabi deixou uma volumosa obra na qual elaborou a mais completa teoria da santidade, em particular nos *Trechos de Sabedoria* (*Fusus al-Hikam*), na qual ligou a mesma à passagem da consciência mística da unidade entre o ser e a essência una de Deus para a vivência dessa unidade. Essa passagem se daria por meio de estados místicos que revelam realidades existenciais ocultas por trás dos véus da percepção, como se pode ver nos poemas reunidos no *Tradutor dos Desejos* (*Tarjuman al-'Ashwak*) e no tratado iniciático das *Iluminações de Meca* (*Futuhat al-Makkiyya*).

Os discípulos de Ibn 'Arabi sistematizaram esses ensinamentos como a doutrina da "unidade do ser" (*wahdat al-wujud*),

---

[53] Durante meu trabalho de campo em Alepo, muitos *shaykhs* sufis negaram a possibilidade de completa fusão experiencial do ser com a realidade divina. Assim, embora o *fana'* apareça nos escritos de vários mestres sufis como Bistami, al-Hallaj e Ibn 'Arabi, ele é visto no sufismo sírio contemporâneo mais como uma hipótese escolástica que como uma possibilidade experiencial.

gerando uma enorme polêmica teológica em torno da possibilidade ou não do sujeito se fundir na essência divina. Porém isso não impediu que Ibn 'Arabi ficasse conhecido como Muhiy al-Din (Revivificador da Religião) e *Shaykh al-Akbar* (O Maior dos *Shaykhs*). Os escritos de Ibn 'Arabi tiveram uma enorme influência no sufismo e no pensamento religioso do islã.

Assim, na tradição derivada dos ensinamentos de Ibn 'Arabi, a progressão no saber esotérico do sufismo é feita através do desvelar (*kashf*) de níveis sucessivos de conexão existencial com a realidade divina através da indução de estados experienciais (*hal*, pl. *ahwal*) codificados como experiências místicas. Esses estados experienciais refletem a transformação do *nafs* (self/ego) pelos mecanismos disciplinares inscritos nos rituais e exercícios espirituais que compõem a via mística do sufismo. A concepção islâmica do ser o divide em três esferas existenciais: o corpo (*jism*), o self/ego (*nafs*) e a alma (*ruh*). O *nafs* é a combinação única de desejos, emoções e razão que dá individualidade aos homens e às mulheres. Porém os desejos e impulsos que se originam no *nafs* podem orientar o indivíduo às coisas materiais, afastando-o de Deus. Assim, o misticismo sufi está centrado na disciplina dos impulsos oriundos do *nafs* e na transformação segundo os modelos normativos que se desenvolveram no decorrer da história do sufismo.

Algumas parábolas presentes no Alcorão são vistas pelos sufis como provas da superioridade do saber esotérico/místico (*batini*), que permite ver a essência das coisas, sobre o conhecimento exotérico/legalista (*zahiri*), que se atém ao formalismo das aparências e do senso comum. A mais importante dessas histórias é o encontro entre Moisés e um personagem profético que permanece anônimo no texto, mas que a tradição oral e escrita criada posteriormente identificou como Khidr.[54] No relato corânico (Alcorão, 18: 64-82), Moisés encontra o personagem que o texto afirma ter recebido conhecimento diretamente de Deus (*'ilmana-hu min laduna 'ilman*) e pede para acompanhá-lo com o intuito de aprender com ele. Khidr duvida da possibilidade de Moisés acompanhá-lo ou aprender com ele e coloca as condições da jornada: Moisés não poderia nunca perguntar nada sem que Khidr levantasse o assunto.

Caminhando eles chegam a um rio e, após tomarem uma embarcação, Khidr fura o chão da mesma. Moisés se espanta e repreende-o, sendo lembrado por Khidr do pacto de silêncio que aceitara. Em seguida eles encontram um jovem que é morto por Khidr. Moisés novamente expressa seu espanto diante de tal ato e é admoestado por Khidr, que diz "Não disse que, por certo, não poderias ter paciência comigo?". Por fim eles chegam a uma cidade cujos habitantes lhes negam hospitalidade. Khidr se depara com um muro em ruinas e o concerta. Moisés não se contém novamente e diz que eles poderiam ter sido recompensados pela boa ação.

Após essa terceira quebra do pacto, Khird revelou a Moisés o significado real de seus atos. Khidr falou então que danificou o barco para impedir que um rei cruel se apoderasse dele. Explicou que o jovem morto por ele iria destruir a fé de seus pais tementes a Deus e que Deus lhes daria outro filho moralmente correto. Por fim, disse que o muro escondia um

[54] Khidr quer dizer o "verdejante", o que levou alguns orientalistas a verem em sua figura ecos de alguma divindade pré-islâmica da vegetação. Porém, no contexto islâmico, fora o nome, não há referência alguma que corrobore a suposição de um passado pré-islâmico dessa figura mítica.

tesouro pertencente a dois órfãos que deveriam descobrí-lo quando fossem mais velhos. Como Moisés não conseguira ter paciência (*subr*), havia falhado no processo de aprendizado e deveria seguir seu caminho sozinho. Assim, segundo a interpretação sufi dessa passagem corânica, o legalismo formalista dos jurisconsultos depende da iluminação dos místicos para poder compreender a essência moral que existe por trás das aparências da realidade.

Além de narrativas paradigmáticas, o texto corânico também forneceu ao sufismo grande parte de seu vocabulário técnico e das imagens e metáforas que compõem suas visões e iluminações. Por exemplo, a relação entre a imagem da luz (*nur*) e o esplendor do poder divino foi inspirada por várias passagens da *Surat al-Nur.*[55] Essa intensa relação entre o sufismo e o texto corânico mostra como, apesar da obcessão orientalista com a origem "não islâmica" da mística sufi, essa só pode ser compreendida como um desenvolvimento interno ao islã (Massignon, 1997 [1922]; Nwyia, 1991; Schimmel, 1975).[56]

Para os sufis, sua tradição mística era parte integral da revelação profética de Muhammad. Porém as técnicas hermenêuticas que permitiriam revelar os significados místicos da revelação foram passadas como saber esotérico por Muhammad para Ali, ao invés de serem textualmente codificadas no texto corânico. Os *shaykhs* sufis que encontrei durante meu trabalho de campo em Alepo legitimavam essa genealogia do

---

[55] Em particular Alcorão, XXIV: 35.

[56] Louis Massignon ([1922] 1997: 45-68) demonstrou o caráter limitado das influências não islâmicas (zoroastra, grega, judaica, hindu etc.) no sufismo e como essas influências foram incorporadas e resignificadas em termos totalmente islâmicos.

misticismo sufi através de um hadith no qual o Profeta diz "Eu sou a cidade do saber, e Ali é a sua porta" (*Ana medina al-'ilm wa 'Ali babu-ha*). O saber esotérico do sufismo teria sido transmitido por Ali aos seus descendentes, que o transmitiram para seus discípulos, os quais teriam sido os primeiros sufis.[57]

O papel atribuído a Ali e a seus descendentes conferiu um caráter sagrado aos mesmos no universo religioso sufi. Desse modo, os sufis compartilham com os xiitas uma forte devoção à família do Profeta (*ahl al-bayt*) e aos *imams* descendentes de Ali. No entanto, enquanto os xiitas veem essas figuras sagradas como encarnações da verdade divina que devem ser reverenciadas e emuladas, os sufis as veem como metáforas corporificadas do saber esotérico que leva à realidade divina. Para os sufis os membros da família do Profeta não são mediadores entre a humanidade e a realidade divina, mas símbolos concretos que se referem aos diversos estágios da via mística. Assim, onde os xiitas criaram uma hierarquia fixa de seres sagrados, os sufis criaram um método, a *tariqa* (via mística), que abriu a possibilidade de uma experiência direta da realidade divina para todos os fiéis.

A atribuição da origem do saber esotérico a Ali reflete a busca de legitimação das práticas místicas que eram realizadas

[57] A única exceção a essa genealogia esotérica centrada em Ali é uma entre as três cadeias de transmissão do saber da Naqshbandiyya, que tem Abu Bakir, sogro de Muhammad e primeiro califa, como primeiro transmissor depois do Profeta. Alguns historiadores consideram que essa cadeia de transmissão centrada em Abu Bakir tem sua origem em um forte sentimento antixiita que emergiu entre os naqshbandis devido a grande perseguição que eles sofreram no Irã, após a ascenção da dinastia Safávida, no século XVI (Weismann, 2007: 22-25).

individualmente desde os primórdios do islã. A construção de uma genealogia iniciática baseada na transmissão do saber esotérico que conectasse sufis individuais à revelação profética através de uma cadeia de relações documentadas ou imaginadas[58] permitiu aos sufis legitimar suas experiências místicas e defendê-las contra acusações de desvio ou inovação religiosa.

A produção de cadeias de transmissão do saber esotérico (*silsila*), que teve como modelo provável as cadeias de transmissão das tradições relativas ao Profeta (*hadith*), também permitiu um maior controle das tendências antinomianas que periodicamente emergiam do misticismo sufi. O caso paradigmático de antinomianismo foi o de Mansur al-Hallaj, místico sufi que viveu no século X, em Bagdá, e que levou às últimas consequências a ideia sufi de unidade entre o sujeito e a verdade/realidade na experiência mística e pronunciou a célebre frase "Eu sou a verdade" (*Ana al-haqq*). Atacado como herege pelos ulamas e mutazilitas, Hallaj foi executado por ordem do califa (Massignon, 1994 [1922]).

Após al´Hallaj houve a consagração da relação mestre/discípulo (*murshid/murid*) e o processo iniciático como os modelos normativos para a transmissão do saber esotérico no sufismo, permitindo um maior controle disciplinar do misticismo islâmico (Trimingham, 1998: 10-14). As cadeias de transmissão logo se configuraram como distintas "escolas místicas" com características doutrinais e rituais próprias, que eram codificadas em textos ou tradições orais atribuídas aos seus fundadores.

---

58 Itzchak Weismann sintetizou esse processo de imaginação genealógica dizendo que "a produção de uma silsila é um processo interminável, que mestres de cada geração 'imaginam' conforme a tradição, imagem e necessidade de legitimidade que lhes são específicas" (2007: 22).

Assim duas linhagens principais se constituíram dentro do misticismo sufi. Aquela de Abu al-Qasim al-Junayd (m. 910 a.d.) representava a via "sóbria", que baseava sua busca mística no princípio de *tawakkul* (confiança em Deus). Aquela de Abu Yazid Tayfur al-Bistami (m. 874 a.d.) encarnava a via "extática", que baseava sua busca mística no princípio de "*sukr*" (embriaguez da realidade/presença divina). No entanto, essas escolas místicas nunca criaram realidades religiosas completamente distintas e claramente delimitadas, pois seus princípios foram frequentemente combinados de várias formas na obra e nos ensinamentos dos mestres sufis (Schimmel, 1975: 23-97; Trimingham, 1998: 4-30; Weismann, 2007: 22-30).

A sistematização dos rituais e doutrinas que emergiram do universo místico do período formativo do sufismo e sua atribuição a certas figuras paradigmáticas criaram as condições para a organização das *tariqas* (via mística), a partir do século XII, em tradições institucionalizadas, como os ensinamentos de um "santo fundador". No final do século XII e início do XIII, surgiram no Iraque duas das *tariqas* mais antigas do sufismo: a Qadiriyya e a Rifa'iyya. A Qadiriyya é nomeada a partir de 'Abd al-Qadir al-Jailani (1077-1166 a.d.), um importante pregador hambalita em Bagdá cuja fama de místico carismático surgiu após sua morte. A organização e sistematização dos rituais e textos doutrinais em uma tradição normativa foi obra dos discípulos de Jailani, como foi o caso da grande maioria das *tariqas*. A Rifa'iyya surgiu a partir dos ensinamentos de Ahmad al- Rifa'i (1118-1182 a.d.), um místico carismático que viveu no sul do Iraque e que demonstrava sua *baraka* (graça divina/poder espiritual) realizando atos miraculosos com seus discípulos, tais como a cura de doenças, a manipulação de carvões em brasa e a perfuração do corpo com espadas e lanças de ferro (*darb al-shish*) (Trimingham, 1998: 37-44).[59]

A narrativa centrada no surgimento da Qadiriyya e da Rifa'iyya constitui o "mito de origem" do sufismo, reproduzindo o contraste idealizado entre formas sóbrias e extáticas de misticismo. Mais tardiamente, no século XIII, outras figuras paradigmáticas, Ahmad al-Badawi e Ibrahim al-Dusuqi, deram origem às *tariqas* Badawiyya e Dusuqiyya no Egito. Esses quatro mestres receberam o status de santos (*wali*, pl. *awliya*), sendo venerados como os "quatro polos" (*al-aqtab al-arba'*) sobre os quais repousa o universo místico do sufismo. A noção de santidade (*wilaiyya*, *walaiyya*) no islã não é limitada ao sufismo, mas foi fortemente influenciada pelas noções sufis sobre a possibilidade de certos indivíduos adquirirem *baraka* (graça divina/ poder espiritual) através da experiência mística da realidade divina e, por conseguinte, poderem atuar tanto como protetores quanto como intecessores dos homens junto a Deus.

Esse processo modificou o significado de *tariqa*, que deixou de ser apenas a via mística utilizada para se ter uma experiência direta da realidade divina para também incluir um complexo conjunto de doutrinas, rituais, práticas iniciáticas e relações de poder que visam possibilitar, moldar e legitimar tal experiência. A partir do século XII, a autencidade e legitimidade da experiência mística do indivíduo não dependia apenas de seu reconhecimento pelo mestre, mas também de sua confirmação pública por parte da coletividade criada em torno de seus ensinamentos e orientação.

[59] Esses atos miraculosos ainda são práticas nas comunidades sufis da Síria. Eu pude presenciar várias sessões de *darb al-shish* durante meu trabalho de campo em Alepo e no restante do norte da Síria.

As relações de poder que estruturavam a relação mestre/discípulo foram reforçadas pela introdução do voto de obediência e aliança (*bay'a*) que o discípulo deveria fazer para poder ser iniciado na via mística. No mesmo sentido, os estados experienciais (*ahwal*) que desvelam as transformações existenciais do self/ego (*nafs*) no seu avanço (*suluk*) dentro da via mística foram sistematicamente organizados de modo a estabelecer uma correspondência com as posições (*maqam*, pl. *maqamat*) ocupadas pelos discípulos do *shaykh* na hierarquia de status e prestígio religioso das comunidades sufis. Sessões de rituais coletivos e públicos chamadas de *hadra* (presença), cuja principal prática ritual é o *dhikr* (invocação mística dos nomes e da presença de Deus), passaram a ser parte integrante da vida religiosa das comunidades sufis.

Esses rituais coletivos constituíram arenas onde os discípulos do *shaykh* podiam demonstrar performaticamente seu status na hierarquia religiosa através da publicização performática de suas experiências religiosas segundo os modelos normativos da *tariqa*. As comunidades criadas a partir da liderança carismática dos *shaykhs* sufis também desenvolveram espaços rituais e comunitários próprios. Nesses espaços, conhecidos em árabe como *zawiya*, em turco como *tekke*, e em persa/urdu como *dergha*, os sufis viviam uma vida religiosa própria, complementando os rituais comuns a todos os muçulmanos com aqueles específicos à sua *tariqa* que eram celebrados na *hadra* semanal ou nas práticas iniciáticas.

Embora a organização das *tariqas* como tradições normativas tenha tido um claro efeito disciplinador das experiências místicas e suas consequências religiosas, as tendências antinomianas não foram eliminadas de forma alguma no sufismo. A possibilidade de superação mística do formalismo da lei islâmica e da teologia permaneceu latente em todas as tradições sufis, sendo incorporada nas correntes místicas de diversas *tariqas* como parte do carisma de seus *shaykhs*. O *majdhub* (lit. aquele que foi cativado [por Deus]), termo que designava aqueles que enlouqueciam ou adotavam comportamentos antissociais após terem uma experiência súbita da realidade divina, permaneceu um tipo presente no imaginário sufi até os dias de hoje. Além disso algumas comunidades sufis organizaram-se em torno da veneração da santidade expressa pelos *majdhubs*.

Por exemplo, em Alepo, Síria, no século XVI o místico *shaykh* Abu Bakir (1503-1583) combinava práticas ascéticas (celibato, mortificações do corpo etc.) com a rejeição das regras sociais e religiosas (andava nu, conscientemente ignorava as regras gramaticais de gênero ao falar, consumia bebidas alcoólicas, não realizava as orações etc.) de modo a demonstrar que seu saber esotérico lhe dava uma compreensão da realidade que depassava as convenções compartilhadas pelos homens. Após a morte de *shaykh* Abu Bakir um pequeno grupo de discípulos manteve a memória de seus feitos miraculosos e, em pouco tempo, desenvolveu-se um culto de veneração de sua persona mística. Os relatos de milagres serviram como evidências legitimadoras da *baraka* do *shaykh* e, já no século XVII, havia se formado em torno do seu túmulo uma importante comunidade sufi reconhecida pelos *ulamas* e apoiada pelos oficiais otomanos de Alepo (Watenpaugh, 2005).

Outro exemplo da incorporação de tendências antinomianas na tradição sufi é o caso da Qalandariyya, uma *tariqa* formada no século XIII, no Oriente Médio, e que se espalhou pelo Irã, Índia e Ásia Central, na qual a rejeição ao formalismo legalista da religião e às regras sociais eram parte integrante do processo de iniciação mística. Os místicos qalândares eram em geral errantes, embora algumas comunidades possuíssem locais de culto e moradia, e praticavam a mendicância. Os qalândares inscreviam no próprio corpo sua rejeição à ordem social como forma de ascese em direção à realidade divina. Eles andavam seminus ou cobertos com peles de animais. Praticavam a mortificação do corpo de várias formas, cortando os braços e pernas com facas, de modo que as feridas formassem o nome de Ali e de modo a afirmar sua devoção ao transmissor do saber esotérico e à família do Profeta; raspavam a cabeça e todos os pêlos faciais para adquirir uma aparência cadavérica, simbolizando tanto a sua "morte em vida" quanto a remoção dos "véus" que ocultam a realidade divina; e perfuravam o pênis com uma argola de ferro, simbolizando a castidade (Karamustafa, 2006).

A relação de complementariedade tensa que o misticismo antinomiano dos qalândares tinha com as outras *tariqas* centradas na reforma moral do indivíduo reflete as próprias contradições internas do sufismo. O misticismo islâmico se institucionalizou nas tradições normativas das *tariqas*. No entanto, as *tariqas* permaneceram sujeitas à constante relativização e transgressão de suas regras pelas próprias autoridades religiosas encarregadas de aplicá-las e transmiti-las, uma vez que o poder dos *shaykhs* sufis deriva da sua capacidade em revelar as realidades ocultas pelo formalismo legalista das normas compartilhadas.

No entanto, isso não significa que exista uma oposição à *shari'a* por parte do sufismo. Ao contrário, os místicos sufis veem a lei islâmica como uma das etapas necessárias da via mística. Evidentemente, para os sufis, a *shari'a* pertence à dimensão exotérica do islã, porém eles a consideram como um elemento fundamental para produzir a ordem social a partir da qual a busca mística pode desenvolver-se. Por isso, juntamente com os escritos daqueles que, como Ibn 'Arabi, se dedicaram a descrever a dimensão irredutivelmente experiencial e individual da via mística, a tradição textual do sufismo incorporou os textos que procuraram refletir sobre a relação entre a dimensão esotérica do misticismo com a lei islâmica.

Um bom exemplo disso é o tratado conhecido como *Risalat al-Qushairiyya* no qual al-Qushayri (986-1072 a.d.) apresenta uma divisão de trabalho na qual a *shari'a* se ocuparia da ordem social e dos muçulmanos como comunidade e o sufismo se ocuparia da ordem moral e dos muçulmanos como indivíduos. Mais tarde, Abu Hamid al-Ghazzali (1058-1111 a.d.) apresentou outra articulação entre sufismo e *shari'a* no seu tratado *Revivificação das Ciências da Religião* (*Ihiya 'Ulum al-Din*). Neste texto o misticismo sufi aparece como o elo existencial que permite um comprometimento profundo com o islã, mas que deve respeitar os limites colocados pela lei islâmica nas sua expressões sociais.

Assim, o caráter carismático dos *shaykhs* sufis constituiu-se na tensão criativa entre a iluminação individual que desvela o caráter arbitrário das tradições religiosas e das convenções culturais e a necessidade de autenticação dessa experiência nos termos dos modelos normativos que derivam da revelação profética. Esse processo de constante "reinvenção" da tradição é legitimado pelo próprio princípio fundacional do sufismo. Ele é visto como uma restauração da verdade esotérica (*al-haqiqa al-batiniyya*) da via mística, que estaria sendo liberada dos elementos exotéricos (*zahiri*) que lhe foram agregados nos processos de codificação e transmissão ao qual ela foi submetida no decorrer da história.

Esse dinamismo da tradição conferiu ao sufismo um enorme grau de adaptabilidade às realidades culturais locais, fazendo com que ele se tornasse um dos principais veículos de islamização das populações dentro e fora dos impérios muçulmanos. Os sufis foram responsáveis pela islamização de lugares sagrados não muçulmanos, venerando figuras sagradas que eram compartilhadas com judeus, cristãos e hindus. Seria um erro atribuir um caráter panteísta a essa capacidade de convívio ritual por parte dos sufis, pois na perspectiva destes os cultos não muçulmanos eram realidades exotéricas que ocultavam a "verdade esotérica" do local sagrado, esta sim ligada ao islã. Assim, diversos lugares sagrados cristãos ligados a São Jorge na Síria e no Egito foram resignificados como sendo associados a Khidr pelos sufis. Na Índia, no Oriente Médio e no Norte da África é comum que santuários dedicados a gurus hindus e santos cristãos e judeus sejan frequentados por muçulmanos sufis que acreditam que essas figuras sagradas eram *shaykhs* sufis que se ocultavam sob identidades não muçulmanas.

A partir do século XIII, diferentes *tariqas* começaram a surgir para além das quatro iniciais: a Shadhiliyya, fundada no século XIII, no Egito, pelo místico marroquino Abu al-Hasan al-Shadhili; a Mawlawiyya, conhecida por ser a ordem dos "dervishes giróvagos", foi criada no século XIII, na Anatólia, a partir dos ensinamentos do místico persa Jalal al-Din Rumi; a Khalwatiyya surgiu no Cáucaso, no século XIV; na Índia, a confraria mais importante era a Chistiyya, surgida no século XIII; e a Naqshbandiyya foi fundada na Ásia Central, no século XIV. O sufismo confrérico se desenvolveu muito mais no mundo sunita, onde emergiram centenas de confrarias sufis, que no mundo xiita, onde os *shaykhs* sufis enfrentaram a concorrência e a oposição de um clero xiita organizado e dotado de uma teologia mística a partir do século XVII. Embora o Irã tenha sido um dos berços do sufismo, o sufismo confrérico xiita é praticamente limitado à Nimatullahiyya, que passou do sunismo ao xiismo no século XVI.

As confrarias sufis receberam o apoio de diversas dinastias islâmicas, como os Aiúbidas, nos séculos XII e XIII, que construíram *zawiyas* e *khanqas* (espécie de monastério para ascetas sufis) na Síria. O sufismo permitiu que a população xiita da Síria adotasse o sunismo preservando sua veneração pela famíia do Profeta. A dinastia dos Mamelucos (séc. XIII-XVI) deu continuidade ao apoio oficial ao sufismo no Egito e na Síria (Geoffroy 1995). A relação de algumas confrarias sufis com as dinastias reinantes continuou durante o Império Otomano (séc. XIII-XX), quando mesmo os sultões eram iniciados na Khalwatiyya. No mesmo período, a Mawlawiyya tornou-se uma confraria extremamente poderosa, sendo ligada à burocracia otomana e recebendo vastas propriedades rurais como *waqf*.

Embora o apoio das dinastias reinantes tenha beneficiado o sufismo, sua enorme expansão no mundo muçulmano e para além das fronteiras dos impérios islâmicos a partir do século XII deriva do fato de sua disciplina religiosa articular símbolos e doutrinas do islã com significados e experiências inscritos nas realidades culturais e pessoais de seus adeptos. Apesar das origens locais e regionais das confrarias sufis, elas tenderam a expandir-se criando comunidades dispersas por todo o mundo islâmico. O sufismo constituiu um quadro de referência simbólica e normativa que influenciou a religiosidade de praticamente todos os setores das sociedades muçulmanas.

No mundo muçulmano, antes do século XIX, o esoterismo sufi poderia ser encontrado tanto nas elaborações teológicas e práticas religiosas das elites letradas quanto no universo religioso popular das festas de santos (*mulids*) que marcavam a vida religiosa urbana e rural do Marrocos à Índia. Assim, boa parte da população do mundo muçulmano tinha sua religiosidade marcada por práticas ou doutrinas ligadas ao sufismo, e pode-se supor que a adesão às comunidades sufis fosse bastante alta. A força social e religiosa do sufismo era expressa, sem dúvida com um certo exagero, pelo ditado "aquele que não possui um *shaykh* tem o diabo como *shaykh*".

*Shaykhs* sufis também foram responsáveis pela expansão do islã para além das fronteiras dos impérios muçulmanos. Ao acompanharem rotas comerciais, os sufis islamizaram diversas populações na Ásia Central, sul da Índia, China, África subsaariana, Java, Sumatra e sul da Tailândia. Essa expansão foi acompanhada de mudanças rituais e doutrinais causadas pela adaptação do sufismo às tradições culturais de cada local. Esse processo permitiu que o islã não apenas transformasse as realidades locais segundo valores compartilhados com outros muçulmanos, mas também se configurasse como uma linguagem civilizacional que expressasse em um quadro de referências compartilhadas as práticas e os significados que caracterizam a ordem cultural de cada sociedade onde ele se implantou (Geertz, 1968).

YASİN
FETİH

# 4

# Crise e reforma: O mundo islâmico nos séculos XIX e XX

No século XVI emergem três grandes impérios que ocupam a quase totalidade do mundo muçulmano: o Império Otomano, que apareceu no século XIII, mas se afirmou como um grande poder político no mundo muçulmano com a conquista do Oriente Médio e norte da África no século XVI; o Império Persa sob a dinastia Safávida, que instaurou o xiismo como religião oficial; e o Império Mogol, que reinou sobre o norte e centro da Índia. Nas regiões que permanceram fora desses impérios, o Marrocos continuou como um sultanado independente, o sul da Arábia teve sultanados independentes em Omã e um imamato no Iêmen, a Ásia Central foi organizada em reinos liderados por um *khan* (chefe/líder), e no arquipélago indonésio importantes sultanados se sucederam em Java e Sumatra.

A consequência da criação desses impérios em termos religiosos foi expansão e/ou estabilização territorial de determinadas formas de islã. Assim, o xiismo tornou-se a religião oficial do Irã sob os Safávidas, que promovem a vinda de *'ulama* xiitas do sul do Líbano e a celebração de rituais e festas públicas. Assim, a maioria da população do Irã adotou o xiismo, fazendo com que o Império Persa se tornasse o centro do mundo xiita. Os Otomanos incentivaram a expansão de certas confrarias sufis, como a Mawlawiyya e a Khalwatiyya; consagraram a tradição de Ibn'Arabi como referência para o sufismo; e oficializaram a escola jurídico-teológica hanafita por todo o império. Na Índia a situação era mais complexa, pois o Império Mogol era uma conferederação de pequenos reinos vassalos liderados por marajás, o que levou a uma maior pluralidade regional nas formas de islã oficialmente apoiadas. No entanto, é importante lembrar que apesar dos esforços em criar ortodoxias "oficiais", em todos esses impérios coexistiam uma pluralidade de tradições religiosas islâmicas e não islâmicas (cristãos, judeus, zoroastras e hindus).

Civilizacionalmente, para além das especificidades culturais de cada região, não havia diferenças significativas entre os impérios islâmicos e os reinos e impérios europeus que se formaram no mesmo período histórico. Tratava-se de impérios cujo poderio militar era baseado no uso bélico da pólvora e na capacidade de mobilizar exércitos e armadas. A ordem política desses impérios era baseada em burocracias ou nobrezas de serviço ligadas a uma cultura urbana letrada, e sua lógica econômica tinha como base a taxação fiscal da agricultura e do comércio. Em termos culturais, científicos, sociais ou econômicos, os impérios islâmicos não apresentavam nenhum desnível significativo em relação à Europa.[60]

Esse quadro começou a mudar no final do século XVIII quando os reinos europeus passaram por um processo de centralização e burocratização do Estado. Na França esse processo

[60] O mesmo pode ser dito em relação à China e ao Japão.

levou à incorporação da tecnologia da imprensa nas práticas burocráticas, uma vez que milhares de formulários padronizados eram utilizados para registrar e contabilizar os habitantes do reino segundo categorias universalmente aplicáveis independentemente do status social de cada um (idade, sexo, local de nascimento, profissão, renda etc.). A aplicação universal de categorias administrativas permitiu a emergência de novas formas de governabilidade baseadas em noções de igualdade que definiam os sujeitos como unidades intercambiáveis que ocupavam diferentes funções em um sistema.

As formas de governabilidade burocrática que emergiram no século XVIII começaram a ser aplicadas no universo militar, onde permitiram a introdução de noções de disciplina e eficiência. Assim, as habilidades guerreiras individuais deixaram de ser o foco da organização militar, que passou a buscar uma padronização das mesmas em unidades que permitissem maximizar os resultados bélicos da relação entre estratégias, homens e armas. Interessantemente essa mudança ocorreu primeiro não na Europa, mas entre as tropas de mercenários franceses que lutavam sob contrato da Companhia das Índias nas guerras entre os principados semiautônomos da Índia Mogol. Em pouco tempo a superioridade militar das tropas mercenárias francesas permitiu que a Companhia das Índias passasse a controlar os marajás que a haviam contratado, iniciando o período da dominação europeia na Índia.

A adoção dessa nova disciplina militar nos exércitos europeus, principalmente na França e na Inglaterra, terminou com o estado de relativo equilíbrio bélico que definia a relação da Europa com os impérios islâmicos. A Revolução Industrial, que começa já no final do século XVIII, vai estender esse desequilíbrio para o campo econômico e científico. O primeiro grande impacto dessa nova relação de forças no mundo muçulmano foi a invasão do Egito por Napoleão em 1798. Os franceses ficaram apenas três anos no Egito, sendo expulsos em 1801 pelos ingleses e otomanos, porém o impacto simbólico que esse evento teve foi de enorme importância.

Não era a primeira vez que um território muçulmano era conquistado por europeus. A Espanha muçulmana (*al-Andalus*) já havia sido totalmente ocupada pelos cristãos em 1492, mas, lendo a *Muqadima* de Ibn Khaldun (1332-1406), percebe-se que ela não ocupava um lugar central na imaginação religiosa e civilizacional dos muçulmanos desde o século XIV. Porém a conquista do Egito foi um evento visto de forma muito diferente pelos muçulmanos que a vivenciaram. O Egito era um dos territórios mais ricos do Império Otomano. O Cairo era um grande centro do ensino islâmico, possuindo a mesquita de al-Azhar que sediava a mais prestigiosa *madrassa* do mundo islâmico. Além disso, as imagens sobre os europeus que circulavam no mundo islâmico pouco haviam mudado desde a época das cruzadas, retratando-os como bárbaros tecnológica e intelectualmente rudes e atrasados.

Para o espanto dos egípcios, os franceses não apenas demonstraram uma grande superioridade militar em relação aos mamelucos,[61] mas também criaram um efeciente aparato administrativo. Além de soldados e burocratas, o aparato governamental francês

---

[61] A dinastia mameluca terminou com a conquista Otomana do Egito em 1517. Porém, desde o século XVIII, a aristocracia mameluca (formada por ex-escravos turcos e circassianos) retomou o poder no Egito, embora a autoridade dos sultões otomanos continuasse sendo reconhecida (Lapidus, 1988: 338-341).

incluia 167 cientistas e letrados, incluindo arquitetos, astrônomos, engenheiros, matemáticos, naturalistas, escritores, artistas, geólogos e editores munidos de caracteres latinos, gregos e árabes. Eles tinham como tarefa explorar, documentar e classificar os aspectos arqueológicos, físicos e sociais do Egito. A produção intelectual desse "exército de letrados" foi impressa por ordem de Napoleão Bonaparte nos dez volumes da *Description de l'Egypte* publicados entre 1809 e 1828,[62] servindo de base para a criação da egiptologia, assim como para a consolidação do orientalismo como campo acadêmico na Europa. No Egito essa demonstração do poder da ciência europeia teve um grande impacto nos membros da elite letrada, como pode ser visto na crônica sobre a ocupação francesa escrita por al-Jabarti em 1821.

Assim, a invasão do Egito pelos franceses constituiu um "trauma civilizacional" para o mundo islâmico, uma vez que fez ruir as hierarquias culturais inscritas nas imagens hegemônicas que organizavam sua relação com a Europa. A reação a esse desafio não tardou a acontecer e, em um primeiro momento, configurou-se como uma busca pela reprodução da modernidade europeia por parte de governantes muçulmanos. O caso mais claro foi o de Muhammad Ali – o oficial otomano que liderou as tropas que expulsaram os franceses –, que se proclamou paxá do Egito, criando um governo autônomo submetido apenas nominalmente à autoridade do sultão Otomano. Uma vez no poder, Muhammad Ali promoveu um ambicioso plano de industrialização e modernização da vida econômica e social do Egito. O próprio Império Otomano foi alvo de um processo de reforma política, econômica e social.

---

[62] *Description de l'Egypte*. Köln: Taschen, 1994 [1809-1828].

Das primeiras tentativas de reforma em 1807 ao período conhecido como *Tanzimat* (Reorganização), que durou de 1839 a 1876, sucessivos sultões reformaram o exército, promoveram a industrialização e procuraram promover um senso de cidadania e identidade otomana abolindo as desigualdades políticas entre muçulmanos e não muçulmanos, em 1856. Essas reformas procuravam contrabalançar os diversos nacionalismos emergentes entre as populações não muçulmanas (gregos, sérvios, búlgaros e armênios) e, após 1860, entre árabes, cristãos e muçulmanos. A busca de uma identidade otomana compartilhada por todos os súditos do império visava impedir a emergência de conflitos e reivindicações de cunho nacionalista que por todo o século XIX desestabilizaram a vida política e, em alguns casos, ameaçaram a integridade do império.

No entanto, em meados do século XIX, estava claro que as reformas estatais não haviam impedido o agravamento da situação de fragilidade do mundo muçulmano diante do expansionismo europeu. A dominação inglesa na Índia foi consolidada no início do século XIX; os holandeses gradualmente expandiram sua presença colonial em Java e Sumatra durante o século XIX; a partir de 1822 o Império Russo invadiu e anexou os khanados da Ásia Central e os territórios muçulmanos do Cáucaso; e os franceses ocuparam a Argélia, que era parte do Império Otomano, em 1830. Além da ocupação colonial direta de territórios majoritariamente muçulmanos, a presença europeia era sentida por uma interferência cada vez mais ativa na dinâmica política, econômica e social dos impérios Otomanos e Persas.

No caso do Império Otomano, a intervenção dava-se dentro do quadro jurídico-político das Capitulações. Essas eram tratados comerciais assinados entre o governo otomano e países europeus desde o século XVI, mas no século XIX as Capitulações passaram a ser uma expressão do poder imperialista europeu. Segundo esses tratados, os países europeus eram reconhecidos como "protetores" das minorias religiosas do Império Otomano. A França era protetora dos católicos (maronitas e melquitas); a Rússia, dos cristãos ortodoxos; e a Inglaterra, que se deparou com a ausência de populações protestantes demograficamente significativas, declarou-se protetora dos judeus e dos druzos. Muitas vezes esses países concediam sua nacionalidade aos membros das minorias religiosas, o que garantia extraterritorialidade jurídica a estes, que só poderiam ser julgados pelos cônsules de seu novo país, o que na prática significava impunidade por qualquer delito cometido.

Os privilégios concedidos aos membros das minorias religiosas e a manipulação por parte dos países europeus das eventuais tensões envolvendo esses grupos para justificar sua intervenção política no Império Otomano levou à ruptura dos laços sociais que conectavam essas comunidades à maioria muçulmana. Os grupos minoritários também tornaram-se cada vez mais assertivos em seus desafios ao *status quo* otomano, uma vez que podiam contar com o apoio das potências europeias. Por fim, a suspeita de que as minorias religiosas funcionassem como agentes do imperialismo europeu fomentou a tradução de tensões sociais em violência sectária, que geralmente era seguida de uma intervenção mais direta das potências europeias.

Essa espiral de tensões expressas em linguagem sectária irrompeu em episódios de violência durante a segunda metade do século XIX e o início do XX. O ataque contra o bairro cristão em Alepo, em 1850, foi desencadeado pela insistência dos Melquitas em fazerem suas procissões pelos bairros muçulmanos, mas também expressava as tensões entre os mercadores cristãos que prosperavam com o comércio europeu e os comerciantes muçulmanos empobrecidos pela concorrência dos produtos europeus (Masters, 1990). A violência contra os cristãos de Damasco se seguiu ao desembarque de tropas francesas em Beirute após os conflitos armados entre cristãos e druzos no Monte Líbano, em 1860 (Makdissi, 2000). Da mesma forma, os massacres que precederam o genocíodo dos armênios em 1915 geralmente eram precedidos por boatos sobre o avanço de tropas russas que teriam invadido o Império Otomano para ajudar os nacionalistas armênios (Van Bruinessen, 1992: 271).

Dentro deste contexto de crise política e social uma outra resposta cultural começou a se delinear tendo o islã como centro de sua reflexão. O século XIX foi o início de um amplo movimento de reforma religiosa no islã, o qual, de certa forma, se estende até os dias de hoje. Movimentos reformistas emergiram no islã desde sua formação, porém eles respondiam a fatores sociológicos específicos de determinadas sociedades e sua expansão pelo mundo islâmico era limitada por barreiras culturais, pela restrição do uso dos textos a uma pequena elite letrada e pela maior dificuldade e lentidão da circulação de pessoas e ideias nos períodos anteriores ao século XIX. A configuração social e tecnológica que emergiu no mundo islâmico durante século XIX, em parte criada pela dominação imperial europeia de várias de suas regiões, mudou radicalmente esse quadro.

A introdução de novas tecnologias de transporte, como estradas de ferro e navios a vapor, permitiu um deslocamento rápido de grandes massas de pessoas em longas distâncias.

O custo pessoal e econômico das viagens também diminuiu, o que fez com que mais pessoas tivessem condições de realizá-las. Essas transformações tiveram um grande impacto em um dos mais importantes mecanismos disciplinares do islã: a peregrinação. A circulação de pessoas nas rotas de peregrinação passou a se dar mais rapidamente e em maior escala. Isso ficou evidente na mais importante dessas rotas, a peregrinação a Meca (*hajj*), com o número de peregrinos saltando de 50.000 em 1850 para 200.000 em 1890 (Chiffoleau, 2005). A construção da estrada de ferro do Hedjaz em 1908 pelos otomanos, ligando Damasco a Meca, deu um novo impulso no crescimento do número de peregrinos (Ezzerelli, 2005).[63]

Diante desse aumento no fluxo de peregrinos, as potências europeias tentaram controlar os contatos entre suas colônias e a Arábia. Inglaterra (na Índia e no Egito), França (na Argélia) e Holanda (na Indonésia) passaram a organizar o transporte dos peregrinos nas suas companhias marítimas e administrar os períodos de quarentena para evitar epidemias. Esse processo teve o resultado inesperado de dar maior visibilidade à peregrinação como fenômeno coletivo, atraindo mais peregrinos, e à força do islã como fator de mobilização social.

A peregrinação, ao reunir fiéis de diferentes origens sociais e culturais e mobilizá-los em torno de devoções e atividades rituais compartilhadas, permite a produção daquilo que o

[63] A introdução de rotas aéreas na segunda metade do século XX aumentou ainda mais o número de peregrinos a Meca, que chegou a 1 milhão em 1983 e a 2,5 milhões em 2005 (Pinto, 2009: 902). Tal fato levou o governo saudita a estabelecer cotas para peregrinos de cada país, o que também lhe permitiu um controle maior do processo de peregrinação.

antropólogo Victor Turner denominou de *comunitas*, ou seja, de uma comunidade igualitária baseada em uma solidariedade difusa que transcende as diferenças entre seus membros (1974: 166-167). Porém, se o universo ritual e simbólico da peregrinação reforça os elementos comuns entre os fiéis, ele também permite que as diferenças rituais e doutrinais entre as diferentes regiões do mundo muçulmano tornem-se visíveis.

A consciência das variações locais da tradição religiosa incita a busca pela sua forma "pura" ou "original" de modo a restaurar a unidade mítica da comunidade religiosa. Assim, a peregrinação também desencadeia processos de objetivação da tradição religiosa, com a retirada de símbolos, rituais e doutrinas de seu contexto cultural e sua recodificação em modelos normativos abstratos (Eickelman & Piscatori, 1996: 48). Esse processo faz com que os centros de peregrinação sejam a arena de uma contínua recriação da tradição religiosa através de movimentos reformistas.

Devido aos fatores analisados acima, Meca sempre foi um local de produção e difusão de ideias reformistas que visavam purificar o islã dos acréscimos culturais e restaurar a mensagem profética. Mas antes do século XIX a difusão das tendências reformistas era lenta e de curto alcance. As novas tecnologias de transporte permitiram que um número maior de peregrinos levasse ideias e discursos reformistas para suas regiões de origem em um tempo muito mais curto. Os discursos reformistas e seus portadores eram vistos como possuidores de prestígio e autoridade religiosa devido ao seu contato com o centro do universo sagrado do islã. Esse processo desencadeou vários movimentos reformistas que, além da simultaneidade, também lidavam com situações sociais análogas criadas pelo colonialismo europeu em quase todo o mundo islâmico. Assim, o alcance dos movimentos reformistas foi ampliado pela emergência de uma consciência pan-islâmica no espaço unificado pelo colonialismo europeu.

As ideias também passaram a circular mais rapidamente com a introdução da imprensa no mundo muçulmano, o que permitiu a produção em massa de textos que as novas formas de transporte e de comunicação[64] permitiam atingir territórios bastante distantes do seu local de origem. Essa ampliação da quantidade e do alcance dos textos não teria nenhum efeito se não houvessem sido formados novos públicos para consumi-los. A criação de novos estabelecimentos escolares como estratégia de reforma e governância cultural por parte dos estados imperiais, como no Egito ou no Império Otomano, ou coloniais, como a Argélia Francesa ou a Índia Britânica, levou a uma ampliação do universo social dos letrados, fazendo com que as ideias contidas nos textos escritos pudessem mobilizar muito mais pessoas nos diferentes estratos sociais. A escola europeia moderna, que vai globalizar-se como o padrão desejável de "modernidade educacional", tinha como base uma pedagogia centrada na transmissão de conhecimento pela inculcação

[64] O telégrafo foi usado para transmitir as *fatwas* do ayatollah Mirza Shirazi condenando o monopólio do comércio de tabaco que havia sido dado pelo xá do Irã a uma companhia inglesa em 1890 e conclamando a população iraniana a boicotar o fumo. A rapidez com que as *fatwas* eram transmitidas de Samarra no Iraque, onde residia o ayatollah, para praticamente todo o território iraniano foi fundamental para a mobilização de grande parte da população do país. O sucesso do boicote levou à revogação da concessão pelo xá em 1892. Esse episódio ficou conhecido como a Revolta do Tabaco (Mottahedeh, 2002: 216-218).

nos alunos da capacidade de decodificação intelectual de saberes inscritos em textos.

O sistema de pensamento que emergiu dessa pedagogia produziu uma nova textualidade que via o texto escrito como um discurso autônomo e autossuficiente que potencialmente poderia ter sua verdade acessada por qualquer leitor que dominasse o código linguístico e o quadro factual relevante. Isso foi uma ruptura com a epistemologia que havia sido consagrada no quadro pedagógico das *madrassas*, segundo a qual o texto escrito era o centro de uma rede intertextual de comentários que deveriam ser mobilizados por um leitor legitimado pelo seu domínio dos quadros interpretativos hegemônicos.

A textualidade moderna aplicada aos textos sagrados do islã alterou os padrões de circulação do saber religioso, os quais sustentavam as relações de poder e autoridade que os *'ulama* estabeleceram com o restante dos muçulmanos. O monopólio da legitimidade interpretativa que os especialistas religiosos dotados da educação das *madrassas* detinham foi rompida pela maior possibilidade de acesso direto aos textos sagrados criada pelas novas tecnologias intelectuais do século XIX. Assim, a autoridade religiosa fragmentou-se, permitindo a emergência de intelectuais islâmicos sem formação religiosa tradicional que passaram a legitimar seu discurso pelo seu conhecimento direto dos textos sagrados.

As transformações tecnológicas, sociais e culturais que afetaram o mundo islâmico no século XIX traduziram-se em modificações profundas na dinâmica do campo religioso do islã. Em um primeiro momento, essas mudanças deram maior alcance a movimentos reformistas controlados por lideranças religiosas saídas do universo dos *ulama* ou dos *shaykhs* sufis.

Porém, a partir de meados do século, novos atores adentraram o campo religioso. Intelectuais sem as credenciais do ensino religioso tradicional aplicavam aos textos sagrados o aparato hermenêutico adquirido nas escolas modernas.

As propostas de reforma religiosa produzidas por esses intelectuais constituíram codificações da tradição islâmica a partir de uma textualidade e de uma hermenêutica que eram definitivamente modernas. Isso era verdade tanto quando se expressavam segundo um vocabulário de modernização do islã quanto quando se apresentavam como arautos de uma restauração da "pureza original" da revelação profética. Assim, para compreender as linhas de força que irão moldar o islã contemporâneo, temos que compreender a lógica e o impacto das diferentes correntes reformistas que emergiram no século XIX.

A partir do final do século XVIII, surgiram movimentos reformistas na Índia, no Irã, na Arábia ou na Síria otomana, cujo impacto religioso foi ampliado pelas transformações que afetavam o mundo muçulmano. Alguns desses movimentos, como a salafiyya, expalharam-se rapidamente por diversas regiões do mundo muçulmano; já outros, como o wahhabismo ou a reforma xiita, só se configuraram como uma corrente religiosa de importância suprarregional no século XX.

## *Wahhabismo*

O wahhabismo surgiu a partir da pregação de Muhammad Ibn 'Abd al-Wahhab (1703-1792), cujo tratado *Ensaio sobre a Unidade Divina,* de 1740, denunciava práticas religiosas correntes, tais como o culto às relíquias dos santos ou dos profetas, que segundo ele obscureciam a unicidade de Deus (*tawhid*) e geravam novas formas de idolatria (*shirk*). 'Abd al-Wahhab foi influenciado pela teologia neo-hambalita de Ibn Taiymiyya (1263-1327 a.d.) pregando uma abordagem literalista dos textos sagrados e um controle estrito da vida social. Em termos religiosos, 'Abd al-Wahhab negava a identidade muçulmana de todos os que não seguiam seus ensinamentos, considerando-os idólatras e apóstatas, o que chocou boa parte de seus contemporâneos e atraiu críticas dos outros *'ulama* (Commins, 2008: 26-29).

O esforço de 'Abd al-Wahhab em atrair adeptos a sua pregação encontrou grande resistência por parte da elite religiosa, e ele acabou sendo expulso de Basra e das cidades da Arábia central. Exilado no interior da Arábia, 'Abd al-Wahhab se aliou ao chefe tribal Muhammad Ibn Sa'ud, para quem a doutrina wahhabita da *jihad* contra os "falsos muçulmanos" oferecia uma motivação religiosa para a expansão territorial. Dessa aliança do movimento reformista de 'Abd al-Wahhab com as ambições políticas de Ibn Sa'ud nascia o primeiro emirado saudita (1744-1818). Levados pelo fervor antixiita do wahhabismo, os sauditas ocuparam Karbala e destruíram a mesquita-mausoléu de Hussein em 1801, o que trouxe a hostilidade dos otomanos em cujo território estavam as cidades sagradas xiitas (Nakash, 1994). O poderio saudita/wahhabita foi neutralizado por uma longa expedição de Muhammad Ali, paxá do Egito, que destruiu o emirado após uma guerra de sete anos (1811-1818).

No entanto, a aliança entre o clã dos Ibn Sa'ud e o wahhabismo fez com que um segundo emirado saudita fosse criado

(1824-1838 e 1841-1891). Nesse período a elite saudita evitou a *jihad* expansiva de modo a não atrair a hostilidade dos otomanos, mas permitiu que o wahhabismo fosse imposto como a única corrente religiosa permitida nos territórios sob seu controle. O segundo emirado terminou com a tomada do poder pelo clã dos Ibn Rashid, aliados dos otomanos. O fim do poder nominal dos otomanos sobre a Península Arábica após a Primeira Guerra Mundial permitiu aos sauditas lançarem uma nova campanha de conquista da Arábia, dessa vez com o apoio dos *Ikhwan* (Irmãos), um grupo wahhabita com formação militar.

Após conquistarem as cidades sagradas de Meca e Medina em 1925, os *Ikhwan* se lançam contra os territórios da Jordânia e do Iraque, então sob o Mandato Britânico. A possibilidade de conflito com os britânicos, seus aliados, fez com que os sauditas se voltassem contra os *Ikhwan.* O emir 'Abd al-'Aziz derrotou militarmente os *Ikhwan* em 1929 e criou o reino da Arábia Saudita em 1932 (Commins, 2008: 29-38).

Como no segundo emirado, os religiosos wahhabitas receberam total controle do universo religioso e cultural da Arábia Saudita. Assim, o sufismo foi duramente reprimido, e práticas religiosas como a peregrinação aos túmulos do Profeta e de seus familiares foram proibidas. A vida social também passou a ser controlada pela polícia religiosa (*mutawi'a*), que impôs códigos de vestimenta, uma estrita segregação dos sexos e a obrigatoriedade das práticas religiosas coletivas, como a oração nas mesquitas. Porém o wahhabismo só se tornaria uma corrente religiosa importante fora da Arábia Saudita na segunda metade do século XX.

### *Reforma sufi*

As diversas correntes que formavam o universo religioso do sufismo geraram inúmeros movimentos de reforma religiosa. As ideias reformistas sufis geralmente ficavam restritas ao universo religioso local ou regional, mas muitas se espalharam através das redes que ligavam os diversos *shaykhs* afiliados a uma mesma tradição mística e atingiram vastas áreas do mundo islâmico. Entre esses movimentos reformistas, um dos que teve maior influência no século XIX foi a Mujadidiyya (Renovação), que teve início dentro da tradição da Naqshbandiyya na Índia dos séculos XVI e XVII.

A grande figura da Mujadidiyya foi Ahmad Sirhindi (1564-1624), cujos escritos combinam um misticismo esotérico inspirado em Ibn 'Arabi com uma grande preocupação em estabelecer fronteiras claras para a "ortodoxia" islâmica. Em um ambiente onde os muçulmanos eram minoritários, embora fossem politicamente dominantes, Sihrindi via no desvio e na inovação religiosa um perigo à existência deles como comunidade. Assim, ele vai enfatizar em seus escritos a superioridade da *sunna* (exemplo) do Profeta e da *shari'a* sobre a busca mística, pois as primeiras é que permitiriam a existência social do islã, enquanto a última deveria ser direcionada para o aumento da fé individual (Weissman, 2007: 55-63).

A Mujadidiyya se espalhou pela Índia e se implantou em Meca já no século XVII, onde sufis de outras regiões do mundo muçulmano começaram a ser iniciados por mestres indianos nessa tradição. A figura que deu uma nova configuração e amplitude ao projeto reformista da Mujadidiyya no século XIX foi o *shaykh* curdo Diya' al-Din Khalid (1776-1827). Nascido em Qaradagh, no Curdistão iraquiano, Khalid fez seus estudos religiosos em Sulaymaniyya, na mesma região, e entrou em contato com a Naqshbandiyya durante a sua peregrinação a Meca. Após a conquista da cidade pelos wahhabis, Khalid foi para a Índia para ser iniciado pelo mestre da Mujadidiyya em Delhi. Após sua iniciação, Khalid voltou a Sulaymaniyya e fundou seu próprio ramo da Naqshbandiyya, a Khalidiyya. A novidade da pregação de Khalid consistia em sua ênfase no saber religioso e na adesão coletiva à shari'a como elementos fundamentais e suficientes para a transformação do *nafs* (self).

Assim, a Khalidiyya, embora não negasse a importância ou a realidade da experiência mística, colocava-a em segundo plano dentro de um movimento de reconfiguração do sufismo como um movimento pietista de cunho moral. Após enfrentar a oposição dos outros *shaykhs* sufis em Sulaymaniyya e Bagdá, Khalid se instala em Damasco, em 1822. A partir daí, ele vai apresentar seu sufismo reformado como a dimensão moral das reformas de modernização do Império Otomano (Weissmann, 2007: 85-90).

O movimento reformista iniciado por Khalid atingiu as outras tradições místicas do sufismo, que se reorganizaram em consonância ou em oposição a suas ideias. Embora muitas ordens sufis tenham adotado a ênfase na tradição textual e jurisprudêncial do islã que era pregada pela Khalidiyya, outras, como a Rifa'iyya na Síria e no Iraque e o movimento Barelvi na Índia do século XIX, reafirmaram o culto dos santos, a liderança carismática dos *shaykhs* e a dimensão experiencial do sufismo como elementos centrais da religiosidade muçulmana.

### *Salafiyya*

Salafiyya ou salafismo é um termo usado para designar diferentes correntes reformistas que procuravam restaurar o que eles consideravam como o islã dos "precursores/ancestrais" (*salaf*), ou seja, do Profeta e de seus companheiros. O projeto do salafismo estava centrado na ideia de que a volta às "origens" era uma forma de regenerar o islã, expurgando as inovações e adições que haviam desvirtuado a mensagem profética e causado o seu declínio civilizacional. Embora as diferentes correntes do salafismo dialogassem entre si, elas nunca constituíram um movimento unificado, pois o significado das "origens" e como elas deveriam ser recuperadas variava de acordo com o contexto cultural no qual cada uma delas havia sido elaborada.

As primeiras formas do salafismo surgiram na Índia após a revolta de 1857 contra o domínio inglês. Em 1867 a *madrassa* (escola corânica) de Deoband é fundada no norte da Índia com um currículo centrado no estudo das fontes textuais do conhecimento religioso (Alcorão e coleções de Hadith) e da jurisprudência islâmica. A ênfase no saber textual fez com que os graduados de Deoband e das *madrassas* criadas segundo esse modelo fossem os agentes de um movimento reformista que procurava eliminar todas as práticas religiosas que não tivessem base nos textos sagrados ou na opinião dos juristas.

Na Índia, os deobandis enfrentavam a concorrência não apenas dos barelvis, que afirmavam a centralidade das tradições religiosas não textuais no islã, mas também de um movimento salafista ainda mais radical, o Ahl al-Hadith (Povo/Família do Hadith). Para os representantes do Ahl al-Hadith somente o Alcorão e o Hadith poderian ser vistos como fontes de legitimidade religiosa. Para eles a opinião dos teólogos e juristas medievais deveria ser ignorada em prol de uma leitura do Alcorão que mostrasse sua relevância no mundo moderno. Embora os membros do Ahl al-Hadith denunciassem a tradicionalismo textual dos deobandis, eles não propunham uma modernização do texto corânico, mas sim uma leitura do mundo moderno a partir de conceitos corânicos. Assim, eles propunham uma atualização dos conteúdos cognitivos dos conceitos corânicos de modo a demonstrar sua validade eterna. O projeto do Ahl al-hadith teve grande repercussão dentro e fora da Índia (Zaman, 2002).

Outra corrente do salafismo surgiu em Bagdá capitaneada pela poderosa família Alusi, de onde sairam vários *'ulama* de prestígio durante o século XIX. O primeiro representante desse movimento foi Abu Thina Shihab al-Din al-Alusi (1802-1854), que centrava sua mensagem religiosa no comentário corânico, o que seria o resultado da influência wahhabi na sua educação religiosa. Seu filho Nu'aman Khayr al-Din al-Alusi (1836-1899) transformou esse retorno ao texto sagrado em um movimento de reforma religiosa. Khayr al-Din foi *qadi* (juiz de tribunal islâmico) a várias partes do Iraque até partir em peregrinação a Meca em 1878. Na rota de peregrinação, ele passou pelo Egito, onde entrou em contato com a obra de Siddiq Hassan Khan (m. 1890), um dos primeiros representantes do movimento reformista indiano Ahl al-Hadith cuja hermenêutica do texto corânico ressaltava os paralelismos deste com os conhecimentos produzidos pela ciência moderna, de modo a mostrar que fé e razão não eram incompatíveis.

Em Meca, Khayr al-Din familiarizou-se com as demais obras de Hassan Khan e iniciou uma correspondência com o autor e, posteriormente, mandou seu filho estudar com Khan na Índia. Além disso ele incorporou a admiração que os wahhabis tinham pela obra de Ibn Taymiyya e sua condenação das práticas religiosas não descritas no Alcorão ou nas coleções de Hadith, tais como o sufismo ou o culto aos santos (Commins, 1990: 24-26). Assim, Khayr al-Din al-Alusi criou um sistema que restringia o univeso religioso do islã às práticas derivadas dos textos sagrados ao mesmo tempo que via nessa "volta" às tradições uma condição necessária à adaptação das sociedades muçulmanas ao mundo moderno.

Por fim, outra corrente do salafismo surgiu em Damasco em meados do século XIX. Ao contrário do salafismo em Bagdá ou na Índia, o salafismo damasceno não vai rejeitar todas as práticas e doutrinas do sufismo. Isso deve-se ao fato dele surgir dentro de um contexto religioso e intelectual impregnado pelo sufismo. Os círculos intelectuais ligados à Naqshbandiyya Khalidiyya, assim como ao *shaykh* argelino exilado em Damasco, 'Abd al-Qadir Jaza'iri, vão dar origem ao salafismo na Síria. Os representantes do salafismo em Damasco, como Tahir al-Jaza'iri (1852-1920) e Jamal al-Din Qasimi (1866-1914), reafirmaram a supremacia dos textos sagrados como fonte de legitimidade e saber religioso, condenaram as escolas de jurisprudência como inovações sem base corânica, mas aceitaram o misticismo sufi que se limitava a uma espiritualidade moral delimitada pela *shari'a* (Commins, 1990).

Para além de suas diferenças, os repesentantes do salafismo partilhavam o consenso de que a verdade religiosa seria unicamente acessível através da apreensão intelectual de um conjunto de conceitos, valores e normas codificados nos textos sagrados do islã. Nesse sentido, apesar de seu tradicionalismo conceitual, eles possuíam uma concepção moderna do texto sagrado como verdade objetivada e coerentemente codificada.

### *Os intelectuais islâmicos: Jamal al-Din al-Afghani; Muhammad 'Abdu e Rashid Rida*

Os movimentos reformistas analisados surgiram todos dentro do *establishment* religioso e tiveram os *'ulama* como seus principais atores e líderes. No entanto, a partir da década de 80 do século XIX, surgiram intelectuais islâmicos que, embora tivessem passado por algum tipo de educação religiosa, não possuíam o *status* de *'ulama*. Esses novos agentes da reforma religiosa islâmica no século XIX derivavam sua autoriade do conhecimento dos textos sagrados, para os quais propunham interpretações marcadamente modernistas.

O primeiro intelectual não saído do universo dos *'ulama* a afirmar-se como ator no campo religioso foi Jamal al-Din al-Afghani (1839-1897). Al-Afghani nasceu no Irã ou no Afeganistão, não sendo claro se ele era sunita (como se declarava) ou xiita (como seus inimigos afirmavam, e como a sua cultura religiosa e filosófica sugeria) (Hourani, 1970: 108). Ele teve estadias no Irã, no Afeganistão, na Índia, no Império Otomano (Istambul) e na França antes de se estabelecer no Egito, onde escreveu sua obra. Para al-Afghani, o islã precisava de um movimento de reforma religiosa que o transformasse como a Reforma Protestante transformou o cristianismo. Essa reforma deveria suscitar uma união e o progresso dos diversos povos muçulmanos. Nesse sentido, al-Afghani é um dos elaboradores da ideia de pan-islamismo.

Para al-Afghani a razão deveria ser a base da interpretação dos textos sagrados, e tudo no Alcorão que contradissesse os conhecimentos científicos deveria ser entendido de forma alegórica. Assim, embora inimigo dos modernistas materialistas como Sayyid Ahmad Khan (1817-1898), para quem as leis da natureza deveriam ser o quadro normativo de interpretação do islã, al-Afghani propõe um modernismo islâmico no qual o racionalismo científico está inscrito na doutrina religiosa (Hourani, 1970: 124-129).

A reflexão de al-Afghani foi continuada por seu discípulo e amigo, o egípcio Muhammad 'Abdu (1849-1905). 'Abdu também morou na França e na Inglaterra, onde se familiarizou com o pensamento científico e filosófico europeu, adotando uma abordagem racionalista dos textos sagrados. Para ele as interpretações dos teólogos e juristas medievais haviam deturpado a mensagem profética de Muhammad, que só poderia ser restaurada pelo uso da razão individual como base da fé. Esse raciocínio levou 'Abdu a rejeitar tanto o imperialismo britânico quanto a tirania dos khedivas[65] no Egito. Para ele a liberdade política era necessária para que o indivíduo pudesse criar uma interpretação racional do islã que atendesse a seus anseios (Hourani, 1970: 130-160).

A herança intelectual de Muhammad 'Abdu foi retomada por seu discípulo Rashid Rida (1865-1935). Nascido na Síria otomana, Rida instalou-se no Egito, em 1897, após ter conhe-

[65] Os sucessores de Muhammad Ali no trono do Egito adotaram o título de Khediva.

cido Muhammad 'Abdu e suas ideias. Em 1898 ele fundou a revista *Al-Manar*, que seria um marco no jornalismo árabe e o principal meio de exposição de suas ideias. A criação de um fórum de debates públicos onde opiniões contrárias se confrontavam nos números da *Al-Manar* retirou os debates sobre o islã das mãos de um grupo de intelectuais e especialistas religiosos e os disseminou pelos diversos grupos da sociedade egípcia.

Embora Rida se visse como seguidor de Muhammad 'Abdu, ele modificou substancialmente várias de suas ideias. Para ele, embora a razão continuasse a guiar a interpretação dos textos sagrados, ela deveria ser feita da forma mais literal possível. Rida também via o islã não como um univeso ético centrado no indivíduo, mas como um quadro moral estruturante da esfera pública. Para que esse papel social do islã pudesse ser efetivado, Rida propunha a "restauração" do califado, ou seja, de um universo político-institucional que adotasse a lei islâmica como quadro normativo para a sociedade (Hourani, 1970: 222-244).

O pensamento de Rida vai influenciar a emergência do islã político no século XX. Durante o século XIX, surgiram em diversas regiões do mundo muçulmano movimentos reformistas que encontraram uma arena religiosa ampliada e interconectada pelas mudanças políticas, tecnológicas e culturais ocorridas nesse período. Esses movimentos lançaram as linhas de força que nortearam a dinâmica do islã durante o século XX.

تم
شباب حزب الله
خر هذه الأمة
طليعة المجاهدين
أني أرى فيكم
الغراء
دام ظله

# 5

# Militância, globalização e pluralização: O islã nos séculos XX e XXI

No final do século XIX e início do XX, a quase totalidade dos territórios muçulmanos no Oriente Médio e Norte da África caíram sob controle colonial das potências europeias. A Tunísia foi ocupada pelos franceses em 1881, os ingleses invadiram o Egito em 1882, e os italianos ocuparam a Líbia em 1911, encerrando a presença otomana no norte da África. O protetorado francês foi imposto ao Marrocos em 1912. Após 1920 as províncias árabes do já extinto Império Otomano foram divididas entre a França, que passou a controlar a Síria e o Líbano, e a Inglaterra, que se tornou a potência mandatária no Iraque, na Jordânia (então chamada de Transjordânia) e na Palestina. Mesmo quando esse territórios ganhavam sua idependência formal, como o Egito e a Transjordânia em 1922 e o Iraque em 1932, as relações coloniais se perpetuavam através de tratados que davam à potência colonial poder sobre exército, economia e educação. Nesse contexto a questão do Estado e de modelos "nativos" de soberania ganhou uma enorme relevância, direcionando a reflexão dos intelectuais muçulmanos para a elaboração do ideário do "islã político".

A novidade do islã político não estava no uso da religião como fator de mobilização social, pois boa parte das revoltas anticoloniais do século XIX foi feita em nome do islã, mas sim em propor uma teoria política construída a partir de categorias islâmicas. O conceito central no islã político é o de "Estado Islâmico", que tem antecedentes no pensamento de Rashid Rida, mas representa uma ruptura com o equilíbrio tradicional entre o poder político e a moral religiosa tal qual ele se estabeleceu na história islâmica. O sucesso que o imaginário político sobre o Estado Islâmico teve no século XX não pode ser compreendido sem se levar em conta sua adoção como ideologia central pelo grupo dos Irmãos Muçulmanos.

### *Em busca do Estado Islâmico: Os Irmãos Muçulmanos*

O grupo dos Irmãos Muçulmanos (*al-Ikhwan al-Muslimun*), também conhecido como Irmandade Muçulmana, foi fundado em 1928 por Hassan al-Banna em Ismailiyya, no Egito. Al-Banna era um professor de escola secundária e, embora tivesse sido introduzido ao sufismo e aos estudos religiosos durante sua infância, teve uma educação secular e moderna. A situação de dependência colonial do Egito em relação à Inglaterra levou al-Banna a rejeitar os modelos políticos europeus, como a democracia liberal, uma vez que eles não trouxeram uma verdadeira independência para o país.

Como resposta a essa situação, al-Banna propunha um movimento social que mobilizasse os egípcios em torno do islã e criasse as bases da verdadeira liberdade. Essa mobilização teria como finalidade a produção de um quadro político-institucional dentro do qual os muçulmanos poderiam viver de acordo com seus valores. Assim, o projeto dos Irmãos Muçulmanos é marcado por um discurso de autenticidade cultural expresso através do islã construído em oposição à cultura "estrangeira" que havia sido trazida para o Egito através do contato colonial com a Europa.

O Estado Islâmico, para al-Banna, seria aquele comprometido com a implementação da lei islâmica (*shari'a*), já entendida como um código legal, e não apenas procedimentos jurisprudenciais. Essa mudança na concepção da lei islâmica deriva das codificações que as administrações coloniais francesas e inglesas fizeram desta em suas colônias com grande população muçulmana. Em termos religiosos, al-Banna condenava as divisões internas do islã, tais como as escolas jurídico-rituais ou a oposição sectária entre sunitas e xiitas. Ele propunha um islã universal e abstrato que combinasse tanto o textualismo do salafismo quanto a espiritualidade sufi. Esse projeto tinha como objetivos tanto a islamização das instituições políticas quanto a formação ética do indivíduo (Mitchell, 1969; Carré & Seurat, 1983).

Al-Banna definiu os Irmãos Muçulmanos como "uma mensagem salafita, uma via sunita, uma verdade sufi, uma organização política, uma associação atlética, uma sociedade educacional e cultural, uma companhia econômica e uma ideia social" (Mitchel, 1969: 14). Essa abordagem modernista do papel do islã na sociedade, que incluia formas de lazer, prosperidade econômica e participação política, não tardou a atrair jovens profissionais dotados de uma educação moderna. Os membros dos Irmãos Muçulmanos saíam das classes médias urbanas, cujo capital cultural lhes permitia se colocarem como intérpretes da religião. Para os Irmãos Muçulmanos, os especialistas da religião, os *'ulama*, eram responsáveis pelo declínio da civilização islâmica por terem se aliado a governos corruptos e terem se tornado porta-vozes dos poderosos. As atividades do grupo incluíam práticas devocionais de inspiração sufi e círculos de leitura e discussão dos textos sagrados (Mitchel, 1969).

Em pouco tempo, os Irmãos Muçulmanos constituíram uma forte presença entre a classe média profissional e os funcionários da burocracia egípcia, de onde provinha a maioria de seus membros. A organização atraía os grupos sociais dotados de uma educação moderna que viam suas ambições sociais frustradas ou não atendidas pela ordem política vigente no Egito.

A partir dos anos 30, os ideais de autonomia política e autenticidade cultural pregados pelos Irmãos Muçulmamos começaram a ser disseminados pelo mundo árabe, geralmente levados por intelectuais ou especialistas religiosos que haviam feito seus estudos no Egito. Assim, criaram-se ramos da organização na Síria, na Palestina, na Jordânia, na Argélia e no Marrocos. Apesar dos contatos entre os diferentes ramos dos Irmãos Muçulmanos, estes funcionavam efetivamente como organizações autônomas cujo horizonte político era definido por seus respectivos Estados nacionais (Ternissien, 2005: 107-131).

Até os anos 40 os Irmãos Muçulmanos egípcios viam como principal adversário a política parlamentar liderada pelo partido Wafd, que, apesar de seu nacionalismo secular, era impotente para mudar a situação colonial do Egito. Para se contrapor ao jogo político, os Irmãos vão buscar uma aliança com a monarquia egípcia em troca de uma islamização das instituições. Essa aliança mostrou-se ilusória, uma vez que o rei buscava apoio dos ingleses contra os nacionalistas, e Hassan al-Banna foi assassinado pelo serviço secreto egípcio em 1949. A partir da morte de al-Banna, os Irmãos Muçulmanos aliaram-se a grupos nacionalistas e apoiaram o golpe dos oficiais que levou Gamal 'Abd al-Nasser ao poder em 1952 (Mitchell, 1969).

Apesar da cooperação dos Irmãos Muçulmanos com seu projeto nacionalista, Nasser via neles um possível foco de oposição e lhes dirigiu uma brutal repressão. Com a prisão, tortura e assassinato de seus líderes e militantes, os Irmãos Muçulmanos foram levados a um ciclo de radicalização e violência durante o nasserismo.[66] Nesse contexto surgiu o pensamento de Sayd Qutb (1906-1966), que, como Hassan al-Banna, era um professor secundário de origem humilde. Qutb entrou para os Irmãos Muçulmanos após um período de estudos nos Estados Unidos, entre 1948 e 1951, durante o qual seu choque cultural alimentou uma percepção exclusivamente negativa da sociedade americana. Embora nunca tenha ocupado posições de comando na Irmandade, Qutb tornou-se um de seus principais ideólogos nos anos 60.

A primeira obra de sucesso de Qutb foi *A Justiça Social no Islã*, publicada em 1949, na qual ele delineia a ideia de "socialismo islâmico". Este consistiria no controle econômico de um Estado forte comprometido com as noções de justiça e equidade inscritas na lei islâmica.[67] Por se opor ao caráter secular do "socialismo árabe" de Nasser, Qutb foi preso e torturado em 1954. Qutb nunca mais saiu da prisão, salvo por um período de alguns meses em 1964-1965.

---

[66] Ironicamente o nasserismo foi responsável pela crescente islamização das instituições e da vida pública egípcia, que eram as reivindicações dos Irmãos Muçulmamos (Carré & Seurat, 1983: 65-82).

[67] Essas ideias também foram desenvolvidas pelo líder dos Irmãos Muçulmanos da Síria, Mustafá Siba'i, cujo livro *O Socialismo do Islã* foi um *best-seller* nos anos 60.

O pensamento de Qutb se radicalizou na prisão, onde escreveu boa parte de sua obra. Ele se inspirou no conceito de *hakimiyya* (soberania divina) elaborado por Mawdudi, o intelectual indiano que propôs nos anos 40 a criação do Paquistão como um Estado Islâmico, para afirmar a ilegitimidade dos governos nacionalistas e propor uma revolução islâmica para derrubá-los (Carré & Seurat, 1983: 83-106). Em seu último livro, *Ma'lim fi al-Tariq* (Sinais na Estrada), publicado em 1964, Qubt radicalizou o programa da revolução islâmica, dizendo que o inimigo a ser combatido não era apenas o Estado, mas a própria sociedade egípcia que havia caído em um estado de *jahiliyya* (ignorância [do islã]).

Seguindo essa linha de raciocínio, Qutb revitalizou a ideia de *jihad*, elevando-a ao status de "sexto pilar" do islã (Qutb, 1990 [1964]). Os teólogos medievais distinguiam dois tipos de *jihad* (lit. esforço [na senda de Deus]): a "grande *jihad*" (*al-jihad al-akbar*), que deveria ser travada no *nafs* (self) de cada indivíduo, de modo a controlar e reorientar os impulsos e desejos originados nele para a devoção a Deus; e a "pequena *jihad*" (*al-jihd al-asghar*), que consistia na luta armada em defesa da comunidade muçulmana.

Embora geralmente se apresente Qutb como o "pai" do radicalismo islâmico dos anos 70, essa imagem deriva de uma leitura seletiva de seus escritos. Toda a reflexão de Qutb coloca a ascese e a reforma moral do indivíduo como pré-condições para a luta política. Nesse sentido ele mantém o significado tradicional de *jihad* como esforço espiritual e, em caso necessário, luta defensiva contra os inimigos da comunidade muçulmana.

*Sinais na Estrada* foi considerado uma ameaça à segurança nacional, suas cópias foram confiscadas, e Qutb foi preso e enforcado em 1966. Apesar da censura, esse foi o livro mais lido no mundo árabe até os anos 90. Embora a linha oficial dos Irmãos Muçulmanos tenha continuado a reforma moral do indivíduo como condição para a ação política, uma leitura estritamente política das ideias de Qutb alimentou o radicalismo dos grupos islâmicos que proliferaram nos anos 70.

### *Da reforma religiosa à revolução islâmica: O xiismo no século XX*

No mundo xiita, o movimento de reforma religiosa começou mais tarde que entre os sunitas, tomando corpo entre o final do século XIX e as primeiras décadas do XX. Outra particularidade da reforma xiita foi a contínua importância dada aos especialistas religiosos durante todo esse período, enquanto entre os sunitas estes foram gradualmente eclipsados por intelectuais islâmicos sem formação religiosa. A reforma religiosa do xiismo foi iniciada por especialistas religiosos do Jabal 'Amil no sul do Líbano e teve em Muhsim al-Amin (1867-1952), o mufti xiita de Damasco, sua figura principal.

O movimento capitaneado por Muhsim al-Amin visava combater o que ele definia como "superstições" que haviam sido incorporadas nos rituais e crenças xiitas. Um dos principais alvos do discurso reformista eram os rituais de autoflagelação realizados durante a 'Ashura. Essas práticas eram denunciadas por não terem base nos textos sagrados e por serem contrárias ao racionalismo que os reformistas acreditavam ser fundamental para a interpretação da tradição xiita (Mervin, 2000).

A reforma xiita enfrentou grande resistência por parte de vários especialistas religiosos que consideravam práticas religiosas, como a flagelação ritual e a visitação dos túmulos de homens santos, parte integrante da tradição xiita. No entanto, as ideias reformistas encontraram adeptos entre os especialistas religiosos e se difundiram para outras regiões xiitas a partir das *madrassas* das cidades sagradas de Najaf e Karbala. A premissa básica do movimento reformista – que o xiismo deveria ser reinterpretado de acordo com as questões colocadas pelo mundo moderno – marcou a evolução do pensamento xiita no século XX.

Uma primeira derivação do movimento reformista é o "xiismo social", que surgiu no Líbano, nos anos 50, associado à figura de Musa al-Sadr (1928-1978?). Este era um ayatollah iraniano de origem libanesa que chegou ao Líbano para ser o mufti xiita de Tiro. Impressionado com a pobreza do sul do Líbano, Sadr criou um movimento sindical com base religiosa para lutar pelos direitos civis dos xiitas. Paralelamente ao movimento, Sadr começou a atribuir um significado social a conceitos corânicos de justiça e proteção aos "excluídos" (*mahrumin*). Essa exegese social dos textos sagrados é semelhante àquela que a Teologia da Libertação católica fez na América Latina, a partir dos anos 60. O movimento sindical serviu de base para a AMAL (*Afwaj al-Muqawamat al-Lubnaniyya*, Unidades da Resistência Libanesa), cujo acrônimo significa "esperança" em árabe, uma milícia criada em 1975 para lutar pela comunidade xiita na guerra civil (Ajami, 1986).

Na mesma época, no Irã, surgiu Ali Shariati (1933-1977), o mais influente intelectual xiita durante o período pré-revolucionário. Shariati possuia um doutorado em sociologia pela Sorbonne e havia sido influenciado pelo marxismo e pelas ideias de Franz Fanon durante seus estudos na França. Após seu retorno ao Irã, Shariati começou a publicar livros e a fazer palestras elaborando uma leitura terceiro-mundista da história islâmica, propondo um Estado islâmico como uma alternativa entre o capitalismo e o socialismo marxista. O islã aparece no argumento de Shariati como sendo dotado de uma linguagem política culturalmente adaptada às sociedades muçulmanas. Assim, para Shariati, a instauração de um Estado islâmico através da revolução seria a única forma de livrar as sociedades muçulmanas da dominação imperialista (Fischer, 2003).

As ideias de Shariati se tornaram extremamente populares no Irã sob o domínio autocrático do Xá e ajudaram a organizar uma oposição islâmica a este. No entanto, o grande ator da Revolução Islâmica que ocorreu em 1979 não foi Shariati, que morreu antes, mas o ayatollah Khomeini (1900-1989). Khomeini estava exilado em Najaf, no Iraque, desde 1964 por ter se oposto à concessão do direito de voto às mulheres feita pelo Xá. Ele fazia oposição à monarquia iraniana através de discursos em que comparava a tirania do Xá àquela de Yazid e estabelecia paralelos entre o sofrimento do povo iraniano e o martírio de Hussein nas mãos das tropas do califa em Karbala.

Embora fosse uma figura conhecida no Irã, seus discursos só se tornaram uma referência da oposição ao Xá em 1978, quando, após criticar o regime de Saddam Hussein, ele teve que se refugiar em um subúrbio de Paris. Em Paris, Khomeini e seus seguidores tiveram acesso a tecnologias de comunicação que facilitaram a difusão de seu discurso. Assim, fitas cassetes com os sermões de Khomeini eram produzidas em massa e contrabandeadas para dentro do Irã. Além disso, a mídia ocidental passou a dar ampla cobertura a essa figura "exótica" que pregava uma revolução islâmica em um subúrbio parisiense.

Os iranianos passaram a poder ouvir os discursos e opiniões de Khomeini pelo serviço da BBC em persa, burlando a censura do regime do Xá.

A Revolução Iraniana não teve um caráter uniformemente islâmico, mas se consistiu em uma série de revoltas contra o regime autoritário e corrupto do Xá que tinham o islã como linguagem comum. Os comunistas, os camponeses e as minorias étnicas, como os curdos, tiveram um papel central na mobilização revolucionária. Porém, como a repressão da SAVAK, a polícia secreta do Xá, impedia a organização de manifestações, os rituais religiosos e as orações nas mesquitas eram a única possibilidade de reunião coletiva e logo se transformaram em arenas de protesto contra o regime do Xá.

A brutal repressão contra as manifestações produzia "mártires" cujos funerais se transformavam em protestos contra o governo e produziam mais vítimas, criando um ciclo de violência e martírio que acabou por mobilizar multidões nas cidades iranianas. O tema do martírio na luta contra o governo ímpio, injusto e ilegítimo presente na teologia xiita tornou-se parte da linguagem dos manifestantes independentemente de seu grau de religiosidade. A hostilidade dos manifestantes aos Estados Unidos, Inglaterra e Israel, aliados do regime do Xá, era alimentada pelas lembranças do golpe da CIA que depôs o governo nacionalista de Mossadegh em 1956 e pelo papel do Mossad no treinamento da SAVAK.

Em janeiro de 1979, com o processo revolucionário plenamente instaurado, o Xá abandonou o Irã. Pouco depois o ayatollah Khomeini desembarcou em Teerã, vindo de Paris. Ao chegar, Khomeini se dirigiu ao cemitério onde estavam enterrados os "mártires" da revolução e pronunciou um discurso no qual afirmou que "Todo dia é 'Ashura, e todo lugar é Karbala". Assim, Khomeini transformou o significado dos símbolos xiitas associados ao martírio, deslocando-os da lembrança ritual do momento fundador da comunidade religiosa para a luta revolucionária contra a injustiça e a opressão política (Fischer, 2003: 181-231).

Após a queda do regime do Xá, as diferentes correntes que ajudaram a fazer a revolução se enfrentaram em uma luta pelo poder na qual Khomeini habilmente jogou um grupo contra o outro de modo a se afirmar como único líder do processo revolucionário. A ideologia e a prática política de Khomeini modificaram complemente as premissas do xiismo político tal como este havia sido pensado até a revolução. Apesar do discurso tradicionalista, o edifício político criado pela revolução islâmica era decididamente moderno. Por exemplo, as mulheres tiveram seus direitos políticos de votarem e serem eleitas mantidos, apesar de isso contradizer as visões tradicionais sobre as relações de gênero.

O quadro institucional que foi criado após a vitória de Khomeini na liderança revolucionária consistiu-se não na restauração ou reinvenção do califado, mas na criação de uma república islâmica, uma estrutura política que não tinha nenhum precedente na história do islã. A república islâmica combinava instituições e práticas da história republicana euro-americana – tais como eleições, a figura presidencial, o parlamento e a divisão entre os poderes – com instituições revolucionárias, como o Conselho de Guardiães e a Assembleia de Especialistas, que visavam garantir o caráter "islâmico" do Estado.

Talvez a maior inovação de Khomeini tenha sido a sua leitura política da doutrina do *Velayat-e Faqih* (Governo do

Jurisconsulto), que fez com que esse conceito deixasse de designar um princípio de tutela clerical sobre hipossuficientes sociais (doentes, viúvas, órfãos etc.) para significar o controle do "jurisconsulto" sobre o Estado. Assim, instituições-chave, como o exército, são controladas pelo *faqih*, e não pelo presidente, garantindo que a elite revolucionária se perpetue no poder de forma independente da rotatividade dos cargos eletivos (Abrahamian, 1993).

Pode ser dito que a Revolução Iraniana foi o zênite do islã político, pois pela primeira vez um movimento revolucionário tomou o poder e constituiu um Estado islâmico. Mas essa vitória não veio sem ambiguidades já que o que foi promovido pela república islâmica foi a leitura revolucionária do islã como instrumento de mobilização e governabilidade. Apesar do vocabulário islâmico e das citações corânicas, as leis e políticas da república islâmica seguiam a lógica da razão de Estado, e não os princípios teológicos dos dogmas xiitas. O próprio ayatollah Khomeini declarou que os interesses do Estado tinham supremacia sobre a *shari'a*.

Nesse sentido a república islâmica não pode ser definida como uma teocracia, pois mesmo os especialistas religiosos só podem exercer o poder a partir de critérios políticos. A preeminência da política sobre a religião no funcionamento da república islâmica ficou clara após a morte de Khomeini, quando seu sucessor como *faqih* não saiu dentre os grandes ayatollahs de Qom, mas sim dentre seus seguidores políticos. O escolhido foi Ali Khamenei, que não possuia nenhuma distinção em termos de saber religioso e cuja legitimidade como ayatollah sempre foi questionada pelo alto clero xiita de Qom (Roy & Khosrokhavar, 1999). Apesar disso, a revolução iraniana teve um grande impacto na dinâmica do islã político, que passou por um processo de radicalização nos anos 70, em boa parte do mundo muçulmano.

### *Radicalização e globalização: O islã político e a emergência da Jihad Transnacional*

Nos anos 70, a quase totalidade dos países de maioria muçulmana se encontrava sob regimes políticos autoritários. No Oriente Médio árabe, esses regimes geralmente buscavam afirmar sua legitimidade através da ideologia do nacionalismo árabe e, em alguns casos, do socialismo árabe. Como as demais forças políticas foram gradualmente neutralizadas ou destruídas por regimes autoritários, os grupos islâmicos passaram a constituir a principal forma de expressão de descontentamento social e político nas sociedades muçulmanas.

No mundo árabe, esse processo foi acelerado com a crise produzida pela derrota dos regimes socialistas e nacionalistas sírio e egípcio diante de Israel na Guerra dos Seis Dias, em 1967. A derrota militar e a perda de territórios (Golan, Sinai, Gaza e a Cisjordânia) para Israel foi percebida como uma prova de que os regimes nacionalistas autoritários não eram capazes de assegurar a liberdade ou a integridade da nação. A crise econômica e o declínio do padrão de vida durante a década de 70 só aumentou e ampliou o espectro social da oposição aos regimes nacionalistas nas sociedades árabes.

Nesse contexto, o islã político ganhou força como veículo de um descontentamento social cada vez mais amplo. Ao mesmo tempo, os grupos islâmicos encontraram uma estrutura política que havia eliminado todos os canais de expressão legítima de oposição ao regime vigente. A repressão sistemática a todas as formas de oposição por parte dos regimes autoritários criou uma lógica de radicalização que, embora já presente desde os anos 60, adquiriu sua forma mais violenta nas décadas de 70 e 80 do século XX.

Esse processo se desenrolou de forma particularmente dramática no Egito, país central para o nacionalismo árabe e palco principal de sua crise. Após a morte de Nasser em 1970, Anuar Sadat passou a tolerar e mesmo incentivar o ativismo islâmico como uma forma de enfraquecer o nasserismo e o comunismo na vida pública egípcia. Rapidamente várias organizações islâmicas surgiram para ocupar o espaço aberto para sua atuação. Essas organizações atraíam estudantes universitários e jovens profissionais desiludidos com a ordem política do nasserismo e desejosos de evitar o declínio social que as condições econômicas do Egito pareciam lhes reservar (Kepel, 1993).

Apesar de sua crescente popularidade, os grupos islâmicos não possuíam nenhum canal institucional de expressão na arena política e eram alvo de repressão intermitente por parte do Estado. O descontentamento político se tornava cada vez mais agudo com o declínio do padrão de vida de boa parte da população, enquanto os novos-ricos surgidos no processo de privatização da economia ostentavam sua riqueza em um estilo de vida que lembrava as elites do período pré-nasserista. Essas tensões explodiram na "Revolta do Pão" no Cairo, em 1977.

Durante esse período, muitos grupos islâmicos se lançaram na luta armada visando a derrubada do regime de Sadat e a criação de um Estado Islâmico no Egito. O grupo mais famoso foi o *Jama'at al-Islamiyya* (Sociedade dos Muçulmanos), também conhecido como *Takfir wa Hijra* (Excomunhão e Migração), fundado em 1973 por Shukri Mustafá (1942-1977). Shukri Mustafá nasceu em uma família pobre no médio Egito e estudou na escola de uma associação de caridade islâmica em Assiut, e, posteriormente, iniciou estudos superiores de agronomia. Na universidade Shukri, entrou para os Irmãos Muçulmanos e em 1965 foi preso na onda de repressão nasserista contra a organização. Na prisão ele se dedicou à leitura e interpretação das ideias de Mawdudi e de Said Qutb.

Ao sair da prisão em 1973, Mustafá fundou a *Jama'at al-Islamiyya* (Sociedade dos Muçulmanos). Shukri concordava com Qutb que a sociedade egípcia havia caído em um estado de *jahiliyya* (ignorância do islã) e levava essa lógica às últimas consequências, declarando todos os que não compartilhassem de suas ideias como infiéis (*kafir*, pl. *kufar*). Ele propunha que os "verdadeiros" muçulmanos se retirassem da sociedade dos infiéis e criassem a sua própria sociedade às margens daquela para que pudessem denunciá-la e combatê-la sem hipocrisia. O modelo mítico de Shukri era a *hijra* (migração) do Profeta e dos primeiros muçulmanos de Meca, então dominada pelos politeístas, para Medina (Kepel, 1993).

Assim, Shukri incitava seus seguidores a recusarem empregos públicos, a abandonarem seus diplomas, que, de qualquer forma, valiam cada vez menos em um mercado dominado por uma máquina burocrática inchada e ineficiente, e a evitarem qualquer contato com as agências estatais. Além disso ele denunciava a subserviência dos *ulemas* e da prestigiosa mesquita-universidade de al-Azhar aos interesses do Estado, citando casos como o do *shaykh* Su'ad Jalal, que afirmava que a cerveja não deveria ser proibida aos muçulmanos por não ter sido mencionada no Alcorão.[68] Eles fundaram uma "sociedade paralela" em oásis no deserto ou aldeias remotas, a partir de onde se lançaram em uma luta violenta contra o Estado e a própria sociedade egípcia.

A partir de 1974, o Egito foi abalado por atentados e sequestros que visavam alvos e pessoas ligados ao Estado. A repressão estatal foi brutal, gerando uma espiral de violência na qual ataques-repressão-retaliação se sucediam de forma cada vez mais frequente no cotidiano da sociedade egípcia. Embora a *Jama'at al-Islamiyya* tenha sido responsável por muitos ataques, outros grupos islâmicos participaram da luta contra o Estado. Essa situação encontrava paralelos em outros países muçulmanos, como a Síria, a Turquia e o Paquistão, onde regimes seculares e autoritários enfrentavam a oposição violenta de grupos islâmicos.

A Revolução Islâmica no Irã reascendeu as esperanças de uma tomada violenta do poder e fez com que os grupos militantes intensificassem seus esforços para conquistar o poder. Assim, Sadat foi assassinado em 1981 por militantes da *Jama'at al-Islamiyya*, na Síria os Irmãos Muçulmanos enfrentaram o regime ba'athista em um confronto armado de 1979 a 1982, e na Turquia grupos islâmicos intensificaram seu combate ao Estado kemalista. As esperanças de uma "internacional islâmica" estavam em ascenção, uma vez que o Irã procurava exportar sua revolução, promovendo grupos militantes como o Hizbollah criado no Líbano, em 1982.

---

[68] No Egito as grandes cervejarias são estatais. Esse *shaykh* ficou conhecido como "*Shaykh Stella*", em uma referência jocosa à marca de cerveja egípcia Stella (Kepel 1993: 80).

No entanto, a influência do Irã nos movimentos islâmicos sunitas foi muito mais restrita ao plano simbólico que efetivamente político. As diferenças sectárias entre sunitas e xiitas impediam que os grupos sunitas se identificassem com uma ideologia revolucionária bastante centrada em princípios xiitas de justiça e poder. Mesmo os gestos destinados a criar uma identidade religiosa "pan-islâmica", como a *fatwa* proferida em 1989 pelo ayatollah Khomeini contra o escritor anglo-indiano Salman Rushdie, tiveram pouco efeito em termos de produzir uma liderança centralizada da *umma*. A guerra Irã-Iraque (1980-1988) e os problemas econômicos e sociais dos anos 90 colocaram um fim no expansionismo revolucionário iraniano.

Além disso, desde o final da década de 70, a Arábia Saudita também procurava expandir sua influência religiosa no mundo islâmico, promovendo o wahhabismo para além de suas fronteiras. Os enormes recursos financeiros produzidos pela indústria petrolífera do país passaram a ser usados para financiar a construção de mesquitas e de escolas corânicas em outros países, assim como a concessão de bolsas de estudo para alunos estrangeiros nas instituições islâmicas sauditas. A crescente influência do wahhabismo fez com que os grupos islâmicos adotassem programas políticos mais conservadores, voltando-se para um conservadorismo moral no lugar de um islã revolucionário.

A influência saudita também se fez sentir na constituição do jihadismo transnacional, que emergiu como produto do confronto entre os EUA e a União Soviética no Afeganistão. A invasão soviética do Afeganistão no natal de 1979 propiciou uma aliança entre os Estados Unidos, a Arábia Saudita e o

Paquistão com o objetivo de transformar a resistência tribal afegã em uma "guerra santa" contra os soviéticos. A Arábia Saudita passou a financiar a construção de escolas corânicas na região fronteiriça entre o Paquistão e o Afeganistão. Nessas madrassas refugiados afegãos e voluntários de vários países eram doutrinados em um wahhabismo combativo centrado na ideia de jihad contra os invasores ateus e treinados em técnicas de combate fornecidas por acessores americanos. O Paquistão facilitava a entrada em seu território de voluntários a se tornarem *mujahidin* (combatentes da *jihad*) e oferecia apoio e financiamento aos grupos militantes atavés do ISI, seu serviço de inteligência.

Os países árabes viram nesse projeto uma grande chance de se livrarem de seus militantes islâmicos e permitiram que pregadores sauditas usassem suas instituições islâmicas para fazer o proselitismo da *jihad* e recrutar combatentes dispostos a irem para o Afeganistão. Em pouco tempo um fluxo contínuo de militantes islâmicos começou a fluir do Egito, Líbano, Argélia, Marrocos, Jordânia, Síria e, claro, Arábia Saudita para as madrassas e campos de treinamento no Paquistão.

Nos campos de treinamento e na própria experiência de combate no Afeganistão, esses militantes puderam comparar a situação em seus respectivos países e construir uma visão global do mundo muçulmano como estando sob constante ataque de forças hostis. A luta contra os soviéticos também deu a esses militantes uma maior consciência do papel das superpotências no apoio aos governos locais. Desse modo, surgiu a ideia de que a *jihad* não deveria ser limitada às sociedades e Estados nacionais, mas deveria ter a *umma*, a comunidade global islâmica, como horizonte.

Após a retirada dos soviéticos do Afeganistão em 1989, derrotados pela guerrilha incessante dos *mujahidin*, e o início da guerra civil entre as facções tribais afegãs, os militantes islâmicos ficaram marginalizados pelos processos políticos locais. Muitos voltaram a seus países, onde se engajaram em conflitos locais, como na Argélia, ou buscaram outros conflitos onde pudessem atuar, como na Chechênia. As táticas militares e a ideologia jihadista trazidas do Afeganistão pelos militantes islâmicos contribuíram para potencializar a violência dos conflitos nos quais eles se engajaram.

A guerra civil na Argélia (1992-1999) foi um exemplo claro do efeito da presença do jihadismo transnacional, com o GIA (Grupo Islâmico Armado) e as forças repressivas do Estado engajados em uma guerra total cuja violência brutal geralmente vitimava a população civil. Na mesma época, o Egito sofreu um aumento da violência dos grupos islâmicos que passaram a atacar não apenas alvos ligados ao Estado, mas também a minoria copta e os turistas estrangeiros em uma tentativa de desestabilizar economicamente o regime de Mubarak. Porém o fracasso em introduzir a lógica jihadista na guerra civil da Bósnia (1992-1995) mostrou os limites políticos e culturais da militância islâmica transnacional (Kepel, 2002).

### *Pluralismo e fragmentação: Tendências contemporâneas do islã globalizado*

Após a intensificação da militância armada na década de 80, os movimentos islâmicos experimentaram um processo de declínio e reorientação política nos anos 90. Entre os fatores que levaram a isso estão a influência saudita, a falta de ampla base social que permitisse uma mobilização revolucionária e a falta de meios para derrotar militarmente o Estado. Assim, boa parte dos grupos islâmicos se voltou para ações sociais com o intuito de criar uma base social mais ampla para o seu projeto político.

O papel social dos grupos islâmicos cresceu enormemente na década de 90. Associações islâmicas prestavam importantes serviços às camadas mais desfavorecidas da sociedade, as quais se viam desamparadas pela retração do Estado sob as políticas econômicas neoliberais adotadas por grande parte dos países do Oriente Médio. Assim, os grupos islâmicos começaram a adquirir uma base social mais ampla, penetrando nos meios populares urbanos e rurais.

A nova base social dos grupos islâmicos modificou a dinâmica do projeto de criação de uma sociedade islâmica. Os membros das classes populares tinham pouco interesse na conquista do Estado para o gerenciamento da sociedade, uma vez que em sua experiência cotidiana o Estado e suas instituições pouco contribuíam para a solução de seus problemas. Para esses novos atores a construção de uma sociedade islâmica não passa pela islamização das instituições, mas sim pela afirmação do islã como quadro normativo para a esfera pública. O foco dos discursos e práticas dos agentes e grupos comprometidos com a ideia de sociedade islâmica deslocou-se do campo da política para o campo da moral e, concomitantemente, do Estado para o indivíduo.

Assim, a partir da última década do século XX, a ideia de "sociedade islâmica" deixou de ser associada à conquista do Estado para ser vista como um resultado gradualmente alcançado através da reforma moral dos indivíduos. O discurso moral sobre a sociedade passou a deslocar o discurso centrado no Estado do islã político. A reconfiguração dos elementos definidores do islã como religião pública permitiu às autoridades religiosas tradicionais, como os *ulemas* e os *shaykhs* sufis, recuperarem sua importância como produtores de significados e modelos culturais. A formação intelectual desses líderes religiosos dava a eles os instrumentos discursivos e cognitivos necessários para pensar a sociedade a partir da moral individual.

Esse processo sem dúvida foi influenciado pelo declínio do Estado como esfera de solução de problemas sociais, que ocorreu a partir da década de 80 com a crise dos sistemas socialistas e a ascenção do neoliberalismo no discurso político internacional. Nesse quadro de referências, a sociedade islâmica deixou de ser o resultado da aplicação sistemática de um plano político para ser o resultado cumulativo de processos autônomos de reforma moral dos indivíduos.

Embora o processo de afirmação do islã como quadro normativo na esfera pública tenha tido um sucesso visível em praticamente todas as sociedades muçulmanas a partir dos anos 90, a compreensão dos efeitos sociológicos desse fenômeno depende da análise das diferentes construções da tradição islâmica que atuam em cada contexto específico. A fragmentação da autoridade religiosa, que já havia ocorrido desde o século XIX, permitiu a emergência de uma grande pluralidade nas construções da tradição islâmica voltadas para a constituição de sujeitos religiosos.

Os *'ulama* recuperaram sua importância como autoridades religiosas por sua capacidade de produzir discursos que enquadrassem questões e trajetórias individuais dentro de quadros de referência legitimados pela tradição textual islâmica. Um dos fatores do sucesso dos *'ulamas*, foi a sua capacidade em adaptar seu universo retórico e discursivo às novas tecnologias de comunicação que apareceram a partir do final do século XX. A primeira delas foi a televisão a cabo ou satélite, que permitiu o surgimento de figuras transnacionais como o *shaykh* Qaradawi, um *shaykh* egípcio baseado no Qatar, que fez uma bem-sucedida carreira na Al-Jazira. Outro passo fundamental foi a criação de websites na internet através dos quais os usuários podem interagir colocando questões pessoais específicas para um *shaykh* específico ou um grupo de especialistas religiosos.[69]

O sufismo se beneficiou igualmente da recentralização no indivíduo do discurso islâmico sobre a sociedade, havendo uma enorme expansão das confrarias sufis no Egito, na Síria e na Turquia. Depois de um período de retração do sufismo entre as elites das sociedades muçulmanas durante a primeira metade do século XX, o sufismo voltou a crescer entre as elites econômicas e políticas por todo o Oriente Médio. Comunidades sufis tradicionais, como a Naqshbandiyya, a Shadhiliyya e a Qadiriyya, tiveram um grande aumento do número de seus membros, recrutando um grande número de novos adeptos entre as classes médias urbanas.

Algumas confrarias se transformaram em organizações transnacionais organizadas em torno de *shaykhs* carismáticos, atraindo adeptos na Europa e nos Estados Unidos. Entre essas confrarias sufis transnacionais estão a Naqshbandiyya Kuftaria, sediada na

[69] Entre os principais sites islâmicos estão www.islamonline.com, www.ummah.net, www.islamiccity.org e www.muslims.net.

Síria; a Naqshbandiyya Haqqaniyya, sediada na Síria e em Chipre; e a Halvetya Jerrahi, surgida na Turquia. Essas confrarias sufis permitiram a configuração de identidades islâmicas que articulavam uma religiosidade individualizada com construções da tradição islâmica baseadas em uma comunidade religiosa.

A atuação de *shaykhs* sufis e *'ulama* permitiu a configuração de formas individualizadas da religiosidade islâmica dentro de um quadro institucional tradicional. Porém, o processo de diferenciação e individualização religiosa que se intensificou no mundo muçulmano a partir da década de 90 também produziu subjetividades religiosas menos ligadas a formas tradicionais de autoridade religiosa. Um exemplo disso foi o movimento *nurcu* (nurju) ou *nurculuk* (nurjuluk) surgido na Turquia, a partir do pensamento de Said Nursi (1876-1960), que tinha sido um *shaykh* Naqshbandi. Para Said Nursi, o islã deveria ser vivido como um quadro de referências éticas para o indivíduo plenamente inserido no mundo moderno.

Os grupos *nurcu* foram criados como comunidades devocionais onde o estudo do Alcorão é combinado com a leitura dos textos de Said Nursi e alguns exercícios espirituais derivados do sufismo, como a meditação sobre os nomes e atributos de Deus. Embora a influência sufi seja evidente nos grupos *nurcu*, eles não possuem uma forte liderança carismática, produzindo agentes religiosos dotados de uma individualidade baseada nos princípios morais internalizados a partir do estudo dos textos sagrados. Assim, a religiosidade islâmica produzida pelos grupos *nurcu* é bastante adaptada a sociedades com um quadro político-institucional secular, tais como a Turquia.

O universo *nurcu* deu origem ao movimento de Fetullah Gülen, que levou os princípios do modernismo islâmico de

Said Nursi para fora das fronteiras da Turquia. Primeiramente Gülen criou escolas na Turquia e, a partir dos anos 90, expandiu seu modelo educacional nas regiões historicamente ligadas à cultura turca, como a Ásia Central e os Balcãs. Nos últimos anos, o movimento se globalizou, criando escolas na Europa, África, América do Norte e América do Sul, mas mantendo um caráter claramente turco entre seus adeptos.

O movimento de Gülen visa a construção da consciência religiosa a partir de um projeto educacional baseado no racionalismo científico e no sucesso individual. As escolas criadas por Fetullah Gülen adotam o currículo nacional onde quer que estejam e não possuem nenhum ensinamento abertamente religioso. A mensagem moral do projeto pedagógico é centrada em uma ética individual de responsabilidade e eficiência. Esse quadro moral é ligado ao islã apenas nas atividades extracurriculares, como grupos de estudo do Alcorão ou exercícios devocionais. O projeto pedagógico de Gülen produz uma religiosidade difusa baseada em uma forma de raciocínio moral, e não na adesão a um estilo de vida padronizado por regras religiosas, o que permite a diferenciação individual dentro de um quadro de referências islâmico.[70]

A partir da década de 90, também surgiram no mundo árabe e no sudeste asiático movimentos islâmicos orientados para as preocupações éticas e práticas dos indivíduos. Pregadores como Amr Khaled, no Egito, e Abdullah Gymnastiar, na Indonésia, emergiram como figuras icônicas no universo da

[70] A codificação do islã como raciocínio moral no projeto pedagógico de Gülen é similar à sistematização dos princípios católicos na educação moral das escolas jesuítas.

mídia islâmica produzindo uma mensagem conciliatória entre a busca individual do sucesso social e econômico e a constituição de uma subjetividade islâmica. A "teologia da prosperidade" que perpassa o discurso desses e de outros pregadores midiáticos apresenta o sucesso individual em uma sociedade competitiva como um favor divino concedido àqueles dotados de uma subjetividade moralmente correta (Haenni, 2005).

Se, por um lado, essa religiosidade centrada no indivíduo incita a reconfiguração moral do sujeito segundo critérios islâmicos, por outro ela gera a produção de quadros de referências islâmicos que permitem a esse indivíduo se realizar psicológica e socialmente. Nas últimas duas décadas, houve o desenvolvimento de uma literatura islâmica de autoajuda que utiliza conceitos e princípios retirados do Alcorão ou da tradição mística do sufismo para promover o equilíbrio ou o bem-estar individual. De forma semelhante, as exigências vestuárias colocadas pelos movimentos islâmicos deram origem a uma indústria da moda islâmica que procura oferecer "modéstia com estilo", inserindo os imperativos morais em uma lógica de mercado e distinção social (Haenni, 1999).

Por fim, mais recentemente surgiram espaços de entretenimento islâmico, como os restaurantes e cafés em Beirute, Cairo ou Istambul onde é possível aproveitar o tempo de lazer fumando um narguile *halal* e, em alguns casos, bebendo cerveja sem álcool. Ainda nos últimos anos, resorts islâmicos foram inaugurados na costa da Turquia, nos quais o lazer burguês (jet-ski, wind-surf e animadores para as crianças) pode ser usufruido em um ambiente sem álcool ou nightclubs (Haenni, 2005).

Essa lógica de fragmentação individualizada da religiosidade islâmica se deu de forma ainda mais dramática no Irã, justamente onde, ironicamente, o projeto do islã político triunfou. As políticas da República Islâmica levaram a uma modernização profunda da sociedade iraniana. Entre as mudanças ocorridas após 1979 estão a ampliação do espectro social da alfabetização, a inclusão das mulheres no mercado de trabalho e a urbanização da população. A ênfase da República Islâmica na figura do cidadão-muçulmano sob o poder tutelar do Estado levou a um enfraquecimento do poder que os grupos sociais tradicionais, tais como tribos, grupos étnicos e mesmo a família extensa, exerciam sobre o indivíduo.[71]

A ampliação da alfabetização entre os setores populares e as mulheres permitiu que uma grande parte da população passasse a ter um acesso direto aos textos sagrados do islã, diminuindo o prestigio social e o poder dos *mullahs* e ayatollahs como fontes de saber religioso. A perda de poder dos especialistas religiosos pode ser vista no fato de o próprio universo político da República Islâmica ser cada vez menos povoado por cléricos. Nas eleições de 2009 e no conflito político que se seguiu a elas, nem o líder do campo conservador, Ahmadinejad, nem o do campo reformista, Musavi, pertenciam ao *establishment* religioso.

Além disso, as expressões institucionais do islã passaram a ser identificadas cada vez mais com a ideologia da República Islâmica, que é extremamente impopular entre a classe média urbana, os jovens universitários, os comerciantes e os

[71] Nesse sentido poderia fazer-se uma leitura toquevilleana da Revolução Islâmica e afirmar que ela simplesmente aprofundou e consolidou o processo de modernização da sociedade iraniana iniciada pela dinastia Pahlevi.

profissionais liberais. Esse quadro gerou uma erosão das práticas religiosas tradicionais, muitas das quais foram inclusive combatidas como "superstições" pela República Islâmica, e o surgimento de formas individualizadas de religiosidade.

Muitos jovens se voltaram para o consumo de construções massificadas de espiritualidade com claras influências do movimento New Age, como mostra a popularidade que os livros de Paulo Coelho têm no Irã. Além disso, existe na classe média urbana um alto grau de indiferença religiosa, que em alguns casos chega ao agnosticismo. Isso fez com que alguns analistas apontassem para a emergência de um processo de secularização da sociedade iraniana dentro de um quadro de referências culturais islâmicas (Roy & Khosrokhavar, 1999). Esses fenômenos fazem parte do processo de individualização religiosa que ganhou força no mundo muçulmano no início do século XXI.

## *Entre democracia e jihad: Reconfigurações do islã político*

Embora o islã político tenha perdido a hegemonia do discurso público sobre o papel do islã na sociedade e tenha deixado de ter o apelo mobilizador dos anos 60 e 70, seria equivocado afirmar que ele estaria fadado a desaparecer, como fizeram alguns analistas (Kepel, 2002; Roy, 2002). É fato que o projeto revolucionário ou de conquista armada do Estado que marcou o islã político nas décadas de 70 e 80 se tornou cada vez menos presente na dinâmica política das sociedades muçulmanas a partir do início do século XXI. Porém também é inegável que o islã político se adaptou às novas realidades sociais e continua constituindo-se uma força política significativa nas sociedades muçulmanas.

As organizações ligadas ao islã político se adaptaram rapidamente aos contextos políticos baseados em eleições com distintos graus de liberdade de escolha que começaram a se expandir pelas sociedades muçulmanas a partir do final do século XX. Em alguns casos, como o da Indonésia, as organizações muçulmanas tiveram um papel fundamental na transição do regime ditatorial para a democracia (Hefner, 2000). Diante do fracasso dos projetos revolucionários, as organizações islâmicas passaram a apostar na sua capacidade de mobilizar amplos setores da sociedade em torno de sua plataforma política.

O processo eleitoral no mundo muçulmano parece confirmar a importância continuada dos partidos e movimentos políticos islâmicos. Em 2002 o partido islâmico AK venceu as eleições na Turquia; nas eleições de 2005, políticos ligados aos Irmãos Muçulmanos ganharam boa parte dos assentos no parlamento do Egito; os partidos xiitas ganharam a maioria dos assentos parlamentares nas eleições de 2005, no Iraque; e em 2006 o partido islâmico Hamas ganhou as eleições nacionais palestinas.

O sucesso dos partidos islâmicos se baseia menos na adesão dos eleitores a um quadro ideológico que na sua capacidade de promover o que a antropóloga Jenny White chamou de "política vernacular", ou seja, a articulação de redes de solidariedade e relações sociais em torno de um discurso político (White, 2002). Os novos partidos islâmicos não se colocam mais como uma vanguarda revolucionária que visa modificar a sociedade, mas sim como canais de expressão política de demandas emanadas de diferentes grupos e movimentos sociais. O islã aparece como um idioma cultural que permite a expressão das questões sociais em um quadro simbólico compartilhado, assim como a construção de relações de confiança nas estruturas e nos atores partidários.

A atuação dos partidos ou movimentos islâmicos, uma vez que alcançam o poder, tem sido marcada por um alto grau de pragmatismo orientado para sua permanência no jogo político, mais que por um comprometimento ideológico com a islamização das instituições. Por exemplo, o Hizbollah abandonou na prática o seu projeto de criação de uma "república islâmica" no Líbano, centrando a sua atuação em temas de interesse nacional e buscando alianças com outros grupos políticos libaneses. A aliança entre o Hizbollah e o movimento político do líder cristão maronita Michel Aoun, tendo em vista as eleições parlamentares de 2009, mostrou bem o interesse do partido em conquistar uma posição de poder no jogo político, para além das questões ideológicas.[72]

O discurso político dos novos partidos islâmicos procura enfatizar a eficiência de sua gestão, que costuma ser entregue a tecnocratas. O novo discurso do islã político coloca o liberalismo econômico e político como elemento constitutivo da "sociedade islâmica". Assim, o governo do AK se dedicou a avançar o dossiê de integração da Turquia à União Europeia com um discurso que ligava os interesses nacionais e a liberdade de expressão religiosa à adesão ao universo europeu da democracia liberal e da economia de livre mercado.

Os novos intelectuais islâmicos que emergiram a partir dos anos 90 procuram pensar a tradição islâmica a partir de

[72] Michel Aoun foi um grande opositor da presença síria no Líbano. A Síria é um importante aliado regional do Hizbollah.

categorias que definem o bem comum e a esfera pública como universos de liberdade e pluralismo. O iraniano Adulkarim Sorush, que participou da construção da islamização das instituições após a Revolução Iraniana, destacou-se na última década por sua releitura da tradição islâmica buscando bases simbólicas e normativas para a construção de uma democracia islâmica (Soroush, 2000).

No mundo árabe, o engenheiro sírio Muhammad Shahrur provocou uma verdadeira revolução discursiva com a interpretação modernista e ultrarracionalista do islã que ele apresentou em seu livro *Al-Kitab wa al-Qur'an: Qira' Mu'asira* (O Livro e o Alcorão: Uma Leitura Contemporânea). Esse livro publicado em 1990 logo se tornou o mais lido no mundo árabe, desbancando *Sinais na Estrada*, de Saiyd Qutb. Em 1999 Shahrur tirou as conclusões políticas de seu projeto hermenêutico, publicando o *Projeto Para Uma Democracia Islâmica*, no qual ele apresenta um quadro de referências corânicas que poderia servir de base para um pacto político democrático e pluralista.

Os políticos islâmicos contemporâneos se apresentam como gestores dos "interesses nacionais" cuja competência seria assegurada por sua formação profissional ou experiência de gestão e cuja probidade seria garantida por sua adesão às regras morais do islã. Desse modo, no discurso do senso comum, no Líbano e nos territórios palestinos, é frequente que os políticos do Hizbollah e do Hamas sejam vistos como nacionalistas, mais eficientes e menos corruptos que os políticos dos demais partidos libaneses e palestinos.

Embora a atuação dos partidos islâmicos dentro do jogo político liberal tenha ampliado a influência deles no universo social, de forma semelhante aos partidos e movimentos conservadores de influência cristã na Europa e nos Estados Unidos, ela também mostrou os limites de sua capacidade de conquistar e manter o poder. As eleições provinciais de 2009 no Iraque mostraram que os partidos xiitas consolidaram seu poder no sul do país, mas dependem de alianças com outras forças políticas em nível nacional. Os partidos de inspiração islâmica, apesar de sua influência, não conseguiram uma maioria parlamentar na Indonésia desde a democratização do país. Da mesma forma, a coalizão liderada pelo Hizbollah foi derrotada nas eleições libanesas de 2009, permanecendo como uma importante força de oposição.

A adaptação dos partidos e movimentos islâmicos ao jogo político liberal não impediu que processos de radicalização continuassem a existir em diferentes contextos. A contínua ocupação e controle israelense dos territórios palestinos (Cisjordânia e Gaza) e do território que tanto o Hizbollah quanto o governo libanês veem como parte do Líbano (Fazendas de Shaba) produzem uma lógica do confronto que permitiu ao Hizbollah e ao Hamas a manutenção de discursos e práticas de enfrentamento a Israel. Do mesmo modo, o autoritarismo do sistema político egípcio encontra sua contrapartida em uma militância armada islâmica que, apesar de marginalizada, continua presente.

No entanto, mais espetacular que a continuidade da militância islâmica em âmbito nacional foi a reconfiguração da jihad transnacional, criada na guerra do Afeganistão, em jihad globalizada. Durante a guerra do Afeganistão e os conflitos que a sucederam envolvendo populações muçulmanas (Chechênia, Bósnia etc.), militantes islâmicos de diversas origens convergiam para "defender" os muçulmanos nas áreas de conflito. Em pouco tempo, essa militância baseada em uma suposta solidariedade pan-islâmica entraria em declínio diante da dificuldade em transplantar projetos políticos e codificações do islã através de realidades sociais e culturais distintas (Kepel, 2002). O deslocamento do horizonte político jihadista do Estado Nacional para a presença imperialista americana no mundo muçulmano criou uma nova dinâmica na militância armada islâmica.

Esse processo foi capitaneado pelo confronto entre os Estados Unidos, que haviam se consolidado como a única superpotência mundial após o fim da União Soviética em 1991,[73] e a al-Qaida, que, mais que uma uma organização, é uma referência operacional para o jihadismo transnacional que emergiu a partir da guerra do Afeganistão. A origem da al-Qaida está ligada à organização jihadista *Maktab al-Khadamat* (Escritório de Serviços) criada por Abdallah Azzam (1941-1989), um palestino de nacionalidade jordaniana afiliado aos Irmãos Muçulmanos desde os anos 50. O *Maktab* foi criado para receber e organizar os *mujahidin* árabes que chegavam a Peshawar, no Paquistão, para combater os soviéticos no Afeganistão. Azzam contou com a ajuda de Osama Bin Laden (n. 1957), membro de uma poderosa família saudita de origem iemenita que se juntou à *jihad* antissoviética em 1980.

Abdallah Azzam foi um teórico da *jihad* global, deslocando o combate político dos Estados nacionais opressivos para o

[73] O desgaste militar, econômico e moral causado pela década de guerra no Afeganistão (1979-1989) sem dúvida acelerou o processo de crise e desagregação da União Soviética. Assim, a vitória contra o imperialismo passou a fazer parte do horizonte político da militância jihadista, sendo reatualizado no confronto direto com os Estados Unidos a partir de 2001.

"inimigo distante", ou seja, o poder imperialista que ameaçaria o mundo muçulmano com intervenções diretas e indiretas. Ele usou sua experiência pessoal de palestino feito refugiado pela conquista da Cisjordânia por Israel em 1967 e obrigado a viver em trânsito por diversos países (Síria, Egito, Arábia Saudita, Paquistão, Afeganistão) para criar uma teoria que destacava a similitude dos problemas políticos enfrentados pelos países muçulmanos e o imperialismo euro-americano como fonte deles. Para Azzam o combate contra os poderes imperialistas, americano ou soviético, deveria ser feito nos territórios muçulmanos invadidos por eles. Para Azzam a Palestina era causa icônica da luta anti-imperialista.[74]

Em pouco tempo, Osama Bin Laden e Abdallah Azzam se distanciaram nos seus propósitos políticos e estratégicos, uma vez que o primeiro tinha uma visão de mundo centrada no mundo árabe, enquanto o segundo buscava a unificação da *umma.*[75] Após o assassinato de Azzam em 1989, Bin Laden juntou seus esforços aos de um militante egípcio também saído de uma família da elite, Ayman Zawahiri (n. 1951). Ambos criaram a *Qa'ida al-Ma'lumat* (Base de Dados), uma base de dados sobre os *mujahidin* árabes combatentes no Afeganistão tendo em vista coordenar seus esforços. A retirada das tropas soviéticas em 1989 e início da guerra civil fraticida entre as milícias afegãs fez com que Bin Laden voltasse à Arábia Saudita em 1990.

---

[74] Ver os textos de Abdallah Azzam reunidos em Kepel, 2008.

[75] Para uma análise da influência do nacionalismo árabe no pensamento de Bin Laden, ver Saghi, 2008: 29-30.

A crescente pressão do Iraque para que os países do Golfo perdoem as dívidas contraídas durante a guerra com o Irã e a invasão do Kwait no final do ano despertaram a ira de Bin Laden contra o regime "ateu" de Saddam Hussein. Bin Laden se voluntarizou com os seus *mujahidin* para expulsar os iraquianos do Kwait. Porém a casa real saudita recusou a oferta e chamou as tropas americanas e seus aliados para neutralizar a ameaça iraquiana. O estabelecimento das tropas e posteriormente das bases americanas em solo saudita fez com que Bin Laden passasse a denunciar o regime saudita como ilegítimo e anti-islâmico.

Depois de um período de refúgio no Sudão, Bin Laden voltou ao Afeganistão em 1996, sendo acolhido pelo regime dos Talibãs. Em 1998 ele e Zawahiri criaram a "Frente Islâmica Mundial para a Jihad contra os Cruzados e os Judeus". Essa organização era inspirada na releitura que Zawahiri fez da doutrina do "inimigo distante" de Azzam como uma jihad globalizada que deveria atingir as forças inimigas em todos os lugares possíveis.[76] A criação da Frente despertou o interesse dos serviços de informação americanos, que articularam com os países árabes a prisão de vários militantes. Os atentados contra as embaixadas americanas em Nairobi e Dar es-Salam, em 1998, foram apresentados por Zawahiri como uma resposta à repressão coordenada pelos Estados Unidos. O que se seguiu foi uma escalada no confronto com o bombardeio americano das bases de Bin Laden no Afeganistão e de uma fábrica de remédios no Sudão. Em 2000 o navio de guerra americano *SS Cole* foi alvo de um atentado no porto de Áden, no Iêmen.

---

[76] Ver os textos de Zawahiri em Kepel, 2008.

Em 2001 Bin Laden e Zawahiri fundiram seus grupos de seguidores em uma *joint venture* chamada de *Qa'ida al-Jihad* (Base da Jihad), ampliando sua capacidade de produzir ações com significados políticos. O resultado não poderia ser mais espetacular que o atentado de 11 de setembro de 2001, no qual aviões sequestrados foram lançados contra as torres do World Trade Center, em Nova York, e o prédio do Pentágono, em Washington. No 11 de Setembro, a al-Qaida apresentou sua "marca registrada" no palco globalizado da mídia internacional: atentados simultâneos, grande número de vítimas e, o que se mostrou mais eficaz politicamente, uma pletora de referências simbólicas capazes de mobilizar a atenção e os discursos de diversas audiências.

Assim, se os atentados em Nairobi e Dar es-Salam ocorridos em 7 de agosto, data da instalação das tropas americanas na Arábia Saudita, tinham uma certa obviedade referencial, os de 11 de setembro levaram a polissemia da violência a seu ápice. Os alvos do ataque, o World Trade Center e o Pentágono, eram ícones máximos das esferas que definem a presença americana no Oriente Médio, a economia e o poder militar. A tecnologia industrial encarnada nos aviões, que usualmente é apresentada como uma evidência da "superioridade" da civilização ocidental, foi neutralizada pelos militantes dotados de técnicas rudimentares (facas e estiletes) e de sua "fé" e transformada em arma letal contra seus criadores.[77]

[77] As análises da imprensa europeia ressaltaram a ironia da relação criador/criatura existente entre a política americana no mundo muçulmano e os militantes islâmicos treinados no Afeganistão. Ver artigos de Robert Fisk no jornal britânico The Independent (www.independent.co.uk).

A data escolhida, a mesma do golpe militar que derrubou o governo socialista de Salvador Allende no Chile, foi vista por muitos muçulmanos e não muçulmanos como uma ponte simbólica entre as intervenções imperialistas dos Estados Unidos no Oriente Médio e na América Latina.[78] Outra referência histórica menos citada pelos comentaristas, mas extremamente relevante para a compreensão dos vários discursos codificados no atentado, foi o 11 de setembro de 1989, quando a Hungria abriu sua fronteira com a Áustria, permitindo que milhares de pessoas fugissem da Alemanha Oriental através de seu território. Esse episódio marcou o processo de derrocada dos regimes comunistas na Europa e acelerou o fim do Império Soviético.

Para completar, alguns dias após os atentados, um vídeo que mostrava Bin Laden, Zawahiri e Sulayman Abu Ghaith comentando o atentado em uma caverna no Afeganistão foi mostrado *ad nauseum* pela mídia televisiva. O cenário escolhido para o vídeo fazia uma clara referência à Sura da Caverna, do Alcorão. Nessa sura encontra-se a história dos Domentes de Éfeso, que, diante da perseguição dos pagãos, se retiraram para uma caverna de onde sairam para anunciar o poder de Deus e urgir os habitantes da cidade a seguirem as regras divinas. Para compreender os diversos níveis semânticos dessas referências simbólicas, devemos lembrar que *al-Qa'ida* significa em árabe tanto "a base" quanto "a regra"; logo, trata-se tanto da criação de uma base de operações quanto da elaboração de um método

---

[78] O governo de Salvador Allende foi deposto por um golpe militar apoiado pelos americanos em 11 de setembro de 1973. O golpe militar no Chile ficou famoso pelo uso de aviões para bombardear o palácio presidencial, o que resultou na morte de Allende. Ver, por exemplo, o artigo de Robert Fisk, *One Year On,* disponível em http://www.zmag.org/znet/viewArticle/11695.

de mobilização da *umma* em torno das regras fundamentais do islã, entre elas a jihad em defesa da comunidade muçulmana.[79]

A reação dos Estados Unidos sob o governo de George W. Bush, que desencadeou uma maldefinida e irreal "Guerra ao Terror", ampliou a espiral de violência para novos patamares globais. Em 2002 o exército americano e uma coalisão de países aliados invadiu o Afeganistão, acabando com o regime dos Talibãs que haviam abrigado Bin Laden e seus aliados. Porém Bin Laden e seu grupo conseguiram escapar, refugiando-se na região fronteiriça entre o Afeganistão e o Paquistão. Logo George Bush e o grupo de neoconservadores que compunham seu governo decidiram instrumentalizar o capital moral e político que os atentados de 11 de Setembro haviam dado aos Estados Unidos perante a opinião pública internacional para pôr em ação o seu projeto geoestratégico para o Oriente Médio.[80]

---

[79] Isso não quer dizer que, como afirma o governo americano, Bin Laden não tenha reivindicações políticas específicas. Desde a Guerra do Golfo, Bin Laden exige a retirada das bases americanas de solo saudita, o que após 2001 se somou à reivindicação da libertação da Palestina. As bases americanas na Arábia Saudita foram gradualmente desativadas e transferidas para o Iraque a partir de 2003.

[80] Os neoconservadores eram a expressão política de um movimento intelectual fortemente influenciado pelo filósofo Leo Strauss (1899-1973), cujo principal corolário político seria a imposição unilateral da supremacia americana na esfera internacional. Sem encontrarem um lugar nas universidades americanas marcadas pela contracultura dos anos 60 e 70 e pelo "politically correct" dos anos 80, os neoconservadores vão se refugiar nos *think-tanks*, institutos para-acadêmicos com fins políticos, de onde vão se lançar à conquista de postos de influência no governo americano. Fortemente pró-israelenses, os neoconservadores viam a supremacia militar e geopolítica de Israel como a chave da dominação americana no Oriente Médio. Animados pela repercussão do debate iniciado em 1993 por Samuel Huntington com o seu artigo sobre o "Choque de Civilizações", que

Logo após a invasão do Afeganistão, o governo americano iniciou uma escalada de tensões na arena internacional visando a invasão do Iraque e deposição de Saddam Hussein. Ironicamente o novo alvo da "Guerra contra o Terror" foi um governo secular árabe que havia sido declarado inimigo por Bin Laden e que não possuía nenhuma conexão com os atentados de 11 de Setembro. A invasão do Iraque pelo exército dos Estados Unidos e Inglaterra ocorreu em 2003 com o falso pretexto de que o país possuía armas de destruição em massa. A ocupação do Iraque pelos Estados Unidos e seus aliados materializou em um dos principais países do Oriente Médio a presença imperialista que os ideólogos da jihad globalizada, de Abdallah Azzam a Ayman Zawahiri, haviam denunciado como fonte dos males das sociedades muçulmanas.

Imediatamente começou o fluxo de militantes jihadistas para o Iraque para lutar no que eles viam como a defesa da comunidade muçulmana contra a agressão imperialista dos "cru-

---

colocava o islã como a principal fonte de conflitos civilizacionais com o "Ocidente", os neoconservadores criaram em 1997 um *think-tank* chamado *Project for a New American Century* (Projeto Para um Novo Século Americano) cujo objetivo principal era delinear uma política externa americana segundo seus ideais. A invasão do Iraque como etapa da criação de uma *pax israeliana* no Oriente Médio já aparece no documento fundador do *Project*, cujas assinaturas incluem todas as figuras-chave do governo de George W. Bush: Dick Cheney, Donal Rumsfeld, Paul Wolfowitz, Richard Perle e Zalmay Khalilzad. Para uma análise do movimento neoconservador, ver Kepel, 2004.

zados"[81]. Os jihadistas encontraram um terreno fértil para sua atuação, pois a marginalização política dos sunitas iraquianos após a queda do regime de Saddam Hussein criou profundas tensões facilmente traduzíveis nos termos de uma jihad em defesa da *umma.*[82] Assim, a invasão americana do Iraque permitiu a recriação de uma "base" para a jihad globalizada após a destruição daquela que existia no Afeganistão.

Em pouco tempo o Iraque se viu mergulhado em uma espiral de violência sem precedentes na qual se cruzavam diversas formas de resistência e combate contra as tropas americanas e, a partir da destruição da grande mesquita de Samarra[83] por jihadistas sunitas em 2006, em uma guerra sectária entre sunitas e xiitas. Os jihadistas participaram ativamente

---

[81] A representação do imperialismo americano no Oriente Médio como uma reedição das Cruzadas não é um discurso exclusivo de Bin Laden e seus aliados. O presidente americano George W. Bush também definiu a "Guerra contra o Terror" como uma "cruzada". Embora ele posteriormente tenha se distanciado dos significados bélico-religiosos do termo, a ideia de cruzada continou a informar o discurso messiânico e milenarista usado pelos neoconservadores e pela mídia para mobilizar a opinião pública americana em torno da aventura bélica no mundo muçulmano desencadeada pela "Guerra contra o Terror".

[82] Os xiitas, que constituem a comunidade religiosa majoritária no iraque (60%), são vistos pelos ideólogos jihaditas como hereges e inimigos do "verdadeiro islã". A aliança de algumas lideranças xiitas com os americanos e a emergência de um governo controlado pelos xiitas sob a tutela americana somente reforçaram as tensões sectárias entre sunitas e xiitas no Iraque. Ver a "*Carta a Bin Laden e al-Zawahiri*" de Abu Mussab al-Zarqawi em Kepel, 2008, 383-417.

[83] A Mesquita de Samarra, cuja cúpula dourada dominava a paisagem desta cidade majoritariamente sunita, era um importante centro de peregrinação xiita no Iraque, pois possuía os túmulos dos Imams Ali al-Hadi e Hassan al-Askari e era considerada como estando no local do desaparecimento do 12º Imam. Em 2008, com a relativa queda da violência sectária no Iraque, a mesquita começou a ser reconstruída.

dos ataques contra as tropas americanas e da violência contra os xiitas, que também possuíam suas milícias que praticavam todas as formas de violência contra a população sunita na disputa entre as duas comunidades pelo controle de território e recursos.

Embora a guerra no Iraque tenha dado uma base territorial para a al-Qaida, o universo da mídia se constituiu como seu espaço preferencial de ação. O projeto de mobilização da comunidade muçulmana, a *umma*, em torno das regras fundamentais do islã, que está inscrito no próprio nome da al-Qaida, depende da amplificação discursiva e imagística que a mídia árabe e internacional faz de seus atos de violência. Pode-se afirmar que o surgimento da al-Qaida como fenômeno global só foi possível devido à unificação da mídia árabe com a emergência da Al-Jazira e dos outros canais árabes de TV a cabo e satélite e a sua articulação com a mídia internacional, o que aconteceu a partir dos anos 90.

A importância da mídia na realização do projeto político e religioso da al-Qaida fica evidente quando se olha para o caráter espetacular dos atentados a ela atribuídos. Se o islã político se dirigia através do texto impresso a uma geração cujos horizontes intelectuais tinham sido formados na escola moderna, a al-Qaida usa as técnicas de mensagem/imagem do videoclipe para atrair a juventude muçulmana do mundo árabe, em cuja socialização cultural a escola perdeu considerável espaço para a televisão (Abu-Lughold, 2005; Saghi, 2008: 28). Ao mesmo tempo, desde a Guerra do Golfo de 1991, a guerra contemporânea, ao menos em sua versão norte-americana, transformou-se em um espetáculo minuciosamente pensado para a cobertura televisiva.

Em pouco tempo a mídia deixou de ter apenas uma dimensão instrumental para se tornar o espaço de realização existencial da al-Qaida como fenômeno. Até 2001 era possível postular a existência de laços de solidariedade pessoais ou étnicas que conectassem Bin Laden aos atentados atribuídos a al-Qaida, uma vez que a geografia destes coincidia com a da diáspora Hadrami,[84] da qual Bin Laden faz parte (Ho, 2004). Porém a geografia dos atentados atribuídos à al-Qaida que ocorreram desde então – Amã, Argel, Bagdá, Bali, Casablanca, Djerba, Islamabad, Istambul, Londres, Madri, Mumbai, Varanasi, Nova York – desafia qualquer possibilidade de existência de uma organização dotada de um organograma centralizado e comandada por Bin Laden ou Zawahiri.

A ausência de um quadro institucional de postos de autoridade organizados em uma cadeia de comando ficou evidente na polêmica que dividiu Ayman Zawahiri e Abu Mussab Zarqawi quanto à violência contra os xiitas e a decapitação de reféns no Iraque, práticas que eram condenadas pelo primeiro e praticadas pelo segundo. Na ausência de qualquer poder efetivo, Zawahiri teve de contentar-se em recorrer à retórica de convencimento ao escrever em 2005 uma carta dirigida a Zarqawi condenando essas práticas a partir de citações corânicas relativas à execução de prisioneiros e do raciocínio político de que a violência antixiita tornaria impossível a construção de um governo islâmico no Iraque.[85] Zarqawi ignorou as admoestações de Zawahiri e continuou com sua campanha antixiita, a qual

---

[84] Os Hadramis são aqueles naturais do Hadramaut no Iêmen, região de onde saiu uma vasta diáspora que se fez presente por todo o Oceano Índico.

[85] O texto da carta pode ser encontrado em Kepel, 2008: 416-449.

abriu caminho para a violência sectária que devastou o Iraque de 2006 a 2008.

Para se compreender a novidade da al-Qaida no cenário da militância islâmica, é necessário entender que os atentados-espetáculo que ela produziu ou inspirou rapidamente criaram uma gramática da violência que pôde ser adotada e reproduzida em escala global. A "al-Qaida" tem menos realidade como organização que como linguagem codificada na forma de violência. Do ponto de vista acadêmico, a eterna e ilusória busca dos governos e mídias ocidentais pela "cadeia de comando", que deveria conectar um atentado em Madri a outro em Bali através da liderança de Bin Laden ou Zawahiri, deveria ser substituída pela análise da "cadeia semântica", que permite que as questões locais ou nacionais em Istambul ou Londres sejam expressas e ampliadas no idioma global do atentado-espetáculo.

Nesse sentido, Bin Laden e Zawahiri funcionam menos como líderes de uma quase onipresente "jihad global" que como figuras míticas que criam paralelismos e conexões entre os conflitos específicos de cada sociedade muçulmana e as "grandes questões" do mundo islâmico, especificamente a questão palestina e a invasão do Iraque. Essas questões funcionam como símbolos concretos que ancoram a narrativa mítica da *umma* sitiada e constantemente ameaçada pelo imperialismo euro-americano na produção midiática da opinião pública no mundo muçulmano.

O discurso da jihad global tem uma relação especular com a narrativa também mítica da "Guerra contra o Terror" e "Defesa da Democracia" veiculada pelo governo norte-americano e seus aliados. Ambos discursos encarnam as contradições de uma violência milenarista que visa criar uma nova era de redenção baseada em um projeto político. Bin Laden e

Zawahiri pregavam a restauração da moral e da justiça divina enquanto prédios, aviões, trens e ônibus eram explodidos pelos seus adeptos em Nova York, Londres e Madri. Da mesma forma, George W. Bush e Tony Blair prometiam o florescer da democracia, paz e prosperidade no Oriente Médio enquanto casas, escolas, abrigos e hospitais eram destruídos por bombardeios americanos e israelenses em Bagdá, Faluja, Beirute, Jenin e Gaza. Os atentados-espetáculo fazem eco à estratégia militar do *Shock and Awe* (Impacto e Estupefação)[86] em um confronto onde a capacidade de mobilizar a mídia importa mais que vítimas civis, cuja morte e sofrimento costumam ser desconsiderados e tidos como meros "danos colaterais".[87]

Quando um grupo islâmico adota a gramática da violência da al-Qaida, ele tem como objetivo dar visibilidade no palco globalizado da mídia internacional às questões locais e nacionais tratadas no seu projeto político. A adoção do atentado-espetáculo garante a atenção da mídia internacional para qualquer ação violenta, que imediatamente passa a ser definida como obra da al-Qaida ou de um grupo subsidiário a ela. Desse modo, a visibilidade criada pela mídia ironicamente acaba por ofuscar os conflitos sociais e políticos, locais e nacionais, que motivaram algum grupo militante a adotar a linguagem do atentado-espetáculo com seu discurso sobre uma "jihad-global" monitorada pela al-Qaida.

---

[86] Estratégia militar norte-americana elaborada por Donal Rumsfeld e adotada para a invasão do Iraque em 2003, consistindo no uso maciço de bombardeio aéreo para destruir qualquer possibilidade, militar ou moral, de resistência do inimigo.

[87] Para os paralelos e equivalências existentes entre as "culturas da morte" propagadas tanto pelo jihadismo islâmico quanto pelo militarismo intervencionista das democracias ocidentais, ver Asad, 2007.

O discurso da mídia e dos governos interessados aumentam a eficácia simbólica dos atentados-espetáculos ao apresentá-los como ações que emanariam de uma organização que estaria desafiando os pilares da ordem política internacional. Isso ocorre porque essa mesma ordem política internacional é ressentida em muitas sociedades e comunidades muçulmanas como um arranjo injusto criado pelo imperialismo americano e europeu, cuja expressão paradigmática é a ocupação israelense dos territórios palestinos. Dessa forma, os discursos midiáticos e a própria política intervencionista americana pós-11 de Setembro aumentam a capacidade que a gramática da violência associada à al-Qaida tem de dar significados globais aos conflitos que envolvam muçulmanos.

Por isso, mais que uma organização militante que poderia ser eliminada ou neutralizada através da repressão militar ou policial, a al-Qaida é um idioma da violência usado para explicitar na arena globalizada da mídia internacional as conexões simbólicas entre as tensões e conflitos do mundo muçulmano e as questões diretamente ligadas ao imperialismo euro-americano, como a Palestina e o Iraque. Como bem colocou Omar Saghi, as únicas formas de neutralizar o poder semântico e simbólico da al-Qaida seriam "resolver os problemas do Oriente Médio ou desligar a televisão – soluções tão improváveis quanto custosas para a democracia americana" (Saghi, 2008: 35).

A violência-espetáculo da al-Qaida já é uma linguagem integrante da arena internacional que pode ser apropriada por diversos grupos para expressar simultaneamente seu conflito com esferas políticas nacionais e sua oposição às políticas imperialistas norte-americanas e europeias. Porém, como toda linguagem globalizada, ela está sujeita a cacofonias e usos locais que podem subverter sua lógica. É significativo que o sucesso da al-Qaida como "marca registrada" da violência-espetáculo globalizada tenha sido acompanhada pelo surgimento de cópias locais, tal como sucede com os produtos das grandes marcas e grifes internacionais em sua circulação pelo mercado globalizado.

Os dois casos de "cópia" mais evidentes foram a "al-Qaida na Mesopotâmia", criada por Abu Mussab Zarqawi em 2004, no Iraque, e a "al-Qaida no Norte da África", nome adotado pelo GIA (Grupo Islâmico Armado), uns dos principais grupos que atuaram na guerra civil da Argélia, ao se reinventar como um braço da jihad globalizada. Ambos os grupos, apesar de utilizarem o atentado-espetáculo como linguagem política, funcionam segundo lógicas marcadamente nacionais, tendo o Estado-nação, e não o "Império", como interlocutor de sua narrativa de violência.

A própria fragmentação das estratégias e dos significados ligados à violência-espetáculo da al-Qaida criou um intenso debate no universo jihadista. O debate e as críticas entre os diversos grupos e tendências cresceu ao ponto de Zawahiri ter que publicar na internet, em 2008, um longo texto intitulado "A Absolvição dos Ulemas e Mujahidin de toda Acusação de Impotência e Fraqueza", no qual ele tenta restaurar uma unidade de sentido para o idioma político da al-Qaida (Zawahiri, 2008).

Assim, pode-se dizer que a jihad globalizada é apenas mais uma da diversas configurações do islã contemporâneo. Além de ter que disputar seu espaço com as outras interpretações e práticas do islã, a linguagem da jihad também está sujeita aos processos de fragmentação, individualização e constante ressignificação simbólica que marcam a dinâmica religiosa e cultural do mundo muçulmano no início do século XXI.

# 6

# Novos espaços do islã: Comunidades muçulmanas na Europa e no Brasil

O século XX presenciou um enorme desenvolvimento da presença muçulmana na Europa Ocidental e na América. Esse fenômeno é visto por muitos como uma ruptura nas linhas civilizacionais que dividiriam a Europa do Mundo Islâmico. No entanto, a civilização europeia foi construída a partir de intensas trocas intelectuais, culturais e materiais com o mundo muçulmano. Além disso, a presença de muçulmanos em território europeu tem antecedentes bastante antigos, uma vez que a Europa possui populações muçulmanas desde os primeiros séculos do islã (Goody, 2004).

Comunidades muçulmanas viveram abertamente na Península Ibérica de 711 até 1610, data de sua expulsão da Espanha. Mesmo após a expulsão oficial, muitos muçulmanos permaneceram na Espanha e Portugal praticando secretamente sua fé, constituindo os chamados mouriscos, que eram frequentemente perseguidos pela inquisição. A maior parte dos muçulmanos expulsos se dirigiu ao Marrocos ou às terras do Império Otomano, porém um pequeno número cruzou os Pirineus e se estabeleceu entre os protestantes no sul da França, criando comunidades muçulmanas que subsistiram até sua dissolução completa no conjunto sociedade francesa por volta da Primeira Guerra Mundial (Sellam 2006). Os grandes portos europeus, tais como Marselha, Veneza e Londres, também tinham comunidades muçulmanas desde o século XVI.

Nas Américas a presença muçulmana também data dos primeiros anos da descoberta com a presença de mouriscos nas Américas portuguesa e espanhola. A participação dos mouriscos no projeto colonial pode ser vista nos processos movidos contra aqueles que tiveram a infelicidade de serem pegos pela inquisição. A presença maciça de muçulmanos na América vai consolidar-se com a importação de escravos africanos islamizados para o sul dos Estados Unidos e, principalmente, para o Brasil. Em meados do século XIX, existiam comunidades muçulmanas compostas por negros escravos e libertos estabelecidas no Rio de Janeiro, Salvador e Recife, como mostra o relato do *'alim* otomano 'Abdurahman al-Baghdadi al-Dimachqi, que esteve no Brasil de 1866 a 1869 (al-Baghdadi, 2007).

Apesar da inegável importância da presença muçulmana na Europa Ocidental e na América anterior ao século XIX, as comunidades muçulmanas que hoje se encontram nesses territórios se constituíram nos últimos 120 anos dentro do contexto de grandes processos migratórios. No final do século XIX, a imigração árabe para a América proveniente da Síria, Líbano e Palestina, embora fosse majoritariamente composta por cristãos, levou à criação de comunidades muçulmanas nos Estados Unidos, Brasil, Argentina e México. No caso europeu, a imigração de muçulmanos da Índia para a Inglaterra e da Argélia para a França começou no contexto colonial do século XIX.

A imigração muçulmana para a Europa e a América foi um fenômeno bastante discreto até a Segunda Guerra Mundial. O governo francês tentou mesmo capitalizar a pequena presença muçulmana para a sua política colonial, declarando a França uma "potência muçulmana" através da inauguração da Mesquita de Paris em 1926. A situação mudou dramaticamente nos anos 50, quando a demanda de mão de obra para a reconstrução da Europa fez com que os governos europeus abrissem suas portas e incentivassem a imigração de muçulmanos de suas colônias, ex-colônias ou países do Mediterrâneo.

Grandes quantidades de "trabalhadores-convidados" (*guest workers*) se instalaram nos países europeus: indianos e paquistaneses na Inglaterra; argelinos, tunisianos e marroquinos na França; turcos na Alemanha; turcos e marroquinos na Holanda e na Bélgica; iraquianos e turcos na Suécia; paquistaneses na Noruega; bósnios e turcos na Suíça. Conforme a prosperidade econômica se expandia na Comunidade Europeia, outros países começaram a receber grandes contingentes de imigrantes muçulmanos. A partir dos anos 80, a imigração de marroquinos para a Espanha; de moçambicanos e bengalis para Portugal; de marroquinos, tunisianos e somalis para a Itália; e de albaneses e kosovares para a Grécia toma grandes proporções.

Após os anos 60, a imigração muçulmana para a América também aumentou exponencialmente. O fim das cotas restritivas nos Estados Unidos permitiu que imigrantes provenientes de países de maioria muçulmana como Paquistão, Bangladesh, Irã e Turquia se instalassem no país. No caso do Brasil, o incremento da presença do islã se deu com o aumento da imigração de muçulmanos que deixaram o Oriente Médio devido aos recentes conflitos, como a Guerra Civil Libanesa (1975-1990) e a continuada ocupação israelense dos territórios palestinos.

As comunidades muçulmanas criadas pelos imigrantes foram acrescidas pelas novas gerações nascidas nos países que os acolheram e pelo processo de conversão de não muçulmanos locais. Embora a conversão ao islã na Europa e na América costume receber muita atenção da mídia, ela geralmente ocorre em bases individuais e é contrabalançada pelos muçulmanos que abandonam o islã por outras religiões ou pelo agnosticismo. Através da imigração e das conversões, o islã adquiriu uma significativa presença religiosa no mundo euro-americano, sendo a segunda religião em número de adeptos em muitos países.

Mais que um simples fato demográfico, as comunidades muçulmanas na Europa e na América foram investidas de significados políticos e simbólicos no corrente debate sobre a suposta incompatibilidade de valores entre construções ideológicas denominadas como "islã" e "Ocidente". Esse debate ganhou força após o 11 de Setembro e os ataques terroristas em Londres e Madri, quando os sinais de alienação cultural e de militância radical entre as comunidades muçulmanas da Europa passaram a ser vistos como um terreno fértil para o surgimento do "terrorismo islâmico". A ideia de que os muçulmanos constituem uma espécie de "quinta coluna" que ameaça o caráter liberal e democrático das sociedades ocidentais é bastante difundida na opinião pública europeia e norte-americana, sendo constantemene mobilizada por partidos e grupos políticos em benefício de suas agendas particulares.

Embora seja evidente que tanto a alienação cultural quanto o radicalismo existam entre muçulmanos na Europa e na América e que isso pode trazer consequências trágicas, como mostra a participação de muçulmanos britânicos nos atentados de Londres, a experiência muçulmana nesses lugares vai muito além disso. Por exemplo, os padrões sociológicos de expressão da religiosidade dos muçulmanos na França são semelhantes aos de outros grupos religiosos presentes na sociedade francesa (Kepel, 1991). Além disso, intelectuais muçulmanos europeus como Tariq Ramadan, neto de Hassan al-Banna, nascido na Suíça, procuram produzir uma hermenêutica islâmica que permita a emergência de respostas às questões dos muçulmanos europeus a partir da resignificação da tradição textual muçulmana dentro das referências socioculturais europeias.

De forma similar, o Conselho Europeu de *Fatwas* foi criado em Londres, em 1997, para produzir opiniões jurídicas (*fatwas*) que levem em consideração as condições socioculturais dos muçulmamos europeus, criando o chamado "*fiqh* (jurisprudência) de minoria".[88] O Conselho reúne *'ulama* e intelectuais muçulmanos residentes em diversos países europeus e do mundo muçulmano. Embora as decisões do Conselho tendam a ser conservadoras, uma vez que dependem do consenso entre seus membros, elas criaram alguns precedentes importantes para o desenvolvimento de uma jurisprudência islâmica aberta às influências culturais europeias. Assim, as decisões do Conselho tendem a incentivar os muçulmanos a se envolverem como cida-

---

[88] O reconhecimento do estabelecimento definitivo das populações muçulmanas na Europa fez com que muitos membros do Conselho, como o *shaykh* Yussef Qaradawi, declarassem que a clássica divisão entre *dar al-islam* (território do islã) e *dar al-harb* (território da guerra) estaria obsoleta e deveria ser abandonada. No lugar de *dar al-harb* alguns *'ulama* adotaram o termo *dar al-dawa* (território da pregação [do islã]). Qaradawi adotou *dar al-ahd* (território do contrato) e Tariq Ramadan adotou *dar al-shahada* (território do testemunho [da fé islâmica]) (Ternissien, 2005:190-194)

dãos no universo político e social de seus países. Uma decisão paradigmática permitiu que uma irlandesa convertida ao islã tivesse seu casamento com um não muçulmano reconhecido como legítmo perante a *shari'a*. O texto da *fatwa* argumentava que como os costumes europeus promovem a igualdade entre os membros de um casal, a mulher poderia exercer sua religião sem constrangimentos mesmo que seu marido não fosse muçulmano (Ternissien, 2005: 167-245).

Diante desse quadro, é consenso entre os pesquisadores que as identidades muçulmanas na Europa e na América são o resultado da complexa interação entre elementos sociais e culturais locais, nacionais e transnacionais e as várias construções normativas da tradição islâmica que são mobilizadas nesses diversos níveis. No entanto, existe uma tendência dos diferentes autores em tratarem o espaço nacional como a unidade de análise do processo de produção das identidades muçulmanas, falando de um "islã francês", "islã britânico", "islã norte-americano" ou "islã brasileiro" (Cesari, 2004; Haddad & Lummis, 1987; Kepel, 1991, 1997).

A importância do Estado Nacional é inegável na configuração do campo religioso e, logo, na circulação de modelos de religiosidade. Considero, porém, que as formas de apropriação e a articulação desses modelos nas identidades muçulmanas são um produto da dinâmica interna de cada comunidade muçulmana. Essa abordagem permite mostrar como, apesar da existência de elementos culturais e sociais compartilhados entre as diferentes comunidades muçulmanas de um país, os conceitos de "islã francês" ou "islã brasileiro" denominam um campo religioso plural e dinâmico.

## O islã no Brasil

A história do islã no Brasil começa com a própria colonização do território pelos portugueses no século XVI. Muitos portugueses eram mouriscos, ou seja, muçulmanos convertidos forçadamente ao cristianismo. Temendo a perseguição pela inquisição, os mouriscos professavam secretamente o islã ou apenas guardavam a memória de seu passado familiar muçulmano. Como os mouriscos nunca constituíram uma coletividade organizada, pode-se dizer que as primeiras comunidades muçulmanas com culto organizado aparecem a partir do século XVIII com a importação de escravos muçulmanos da África Ocidental. Os muçulmanos africanos que chegavam ao Brasil como escravos pertenciam a várias etnias (haussa, tapa, nagô, jeje), mas eram denominados coletivamente como *malês*, palavra derivada do iorubá *imalê* (muçulmano, natural do Mali) (Reis, 2003: 176). Esses escravos muçulmanos se autodenominavam de *muçulmi, muçurumi, muçulumi, muxurumim* (Bastide, 1960: 198-214; Ricard, 1948: 62; Rodrigues, 2004 [1906]: 78-80).

Dotados de uma cultura letrada ou, pelo menos, de uma elite religiosa familiarizada com a escrita, os escravos muçulmanos tinham uma grande capacidade de organização que se expressou nas inúmeras revoltas escravas nas quais tiveram um papel preponderante no início do século XIX. A mais famosa dessas revoltas, conhecida como a Revolta dos Malês, ocorreu em 1835 na Bahia.[89] A força do levante e a brutal repressão que se abateu sobre os muçulmanos após aquele ser debelado marcaram a memória e

[89] A maior concentração de escravos muçulmanos era na Bahia. João José Reis (2003: 177) calcula que os muçulmanos constituiam entre 15 e 20% da população escrava de Salvador em 1835.

a dinâmica religiosa das comunidades de muçulmanos de origem africana que se organizaram no Brasil (Reis, 2003).

Em meados do século XIX, existiam comunidades muçulmanas compostas por escravos e negros livres nas cidades de Salvador, Rio de Janeiro e Recife. Essas comunidades são mencionadas no relato do *'alim* (especialista religioso) 'Abdurahman al-Baghdadi al-Dimachqi, que viajava em um navio otomano que aportou no Rio de Janeiro, em 1866 e permaneceu no Brasil por três anos.[90] Segundo ele, a maior comunidade era a de Salvador, sendo que a do Rio de Janeiro era a segunda maior, com cerca de 5.000 membros (al-Baghdadi, 2007: 10). As comunidades muçulmanas tinham contato entre si, como mostra a solicitação feita pelos muçulmanos de Recife para que al-Baghdadi fosse ser o *imam* de sua comunidade após ter tido essa função no Rio de Janeiro e em Salvador (al-Baghdadi, 2007: 52).

Os negros muçulmanos não possuíam mesquitas, mas realizavam seus rituais e festas religiosas nas casas de seus líderes religiosos,[91] chamados de *alufá* ou *limamo* (do árabe *al-imam*). A liderança religiosa era dada àqueles que tivessem algum conheci-

---

[90] Fontes secundárias também mencionam a existência de comunidades muçulmanas em São Paulo e no Ceará (Bastide 1960: 200-201; Ricard 1948: 64). Al-Baghdadi visitou uma aldeia de mineração de diamantes (Lugar ou Lavra Brilhante) provavelmente localizada no Ceará, mas não menciona a presença de muçulmanos (al-Baghdadi 2007: 56-57).

[91] Al-Baghdadi não utiliza em momento algum de seu relato a palavra *masjid*, que denotaria a existência de mesquitas no Brasil. Roger Bastide (1960: 200-201) também considera equivocadas as referências a mesquitas no Rio de Janeiro e São Paulo. Esses locais de culto deveriam ser salas de oração na casa dos líderes da comunidade. Alberto Costa e Silva (2004: 286-287) lembra ainda que as leis do Império do Brasil proibiam a todas as religiões construções com forma exterior de templo, salvo ao catolicismo.

mento, mesmo que pela simples memorização, do Alcorão e da língua árabe. Quanto ao texto sagrado, havia uma grande procura por ele por parte dos muçulmanos em geral, e não apenas pelos *alufás*. Os muçulmanos compravam exemplares do Alcorão editados na França e importados pelos livreiros franceses no Rio de Janeiro.[92] Com certeza poucos entre aqueles que compraram o Alcorão conseguiram ler o texto em árabe, mas o livro era usado tanto como fonte de saber religioso quanto como objeto sagrado com poderes protetores. Além disso, o Alcorão era usado como um símbolo de pertencimento à comunidade muçulmana e de erudição religiosa, sendo colocado em locais visíveis nas casas dos muçulmanos que os possuíam, em particular dos *alufás* e *limamos* (Rodrigues, 2004 [1906]: 79; Silva, 2004: 286).

As comunidades muçulmanas no Brasil parecem ter tido a reunião para a oração de sexta-feira na casa do *limamo* como o foco principal de sua vida religiosa. O jejum durante o Ramadan também foi relatado por al-Baghdadi como sendo rigorosamente seguido pelos homens, mas não pelas mulheres (2007: 24-25). Porém, ao invés de usarem o calendário lunar islâmico, os muçulmanos negros seguiam o calendário cristão, iniciando o jejum na semana de Pentecostes.[93] Os relatos de

[92] Al-Baghdadi (2007: 23-24) relata que encontrou um exemplar do Alcorão na loja de um livreiro francês, no Rio de Janeiro e encomendou outros exemplares, que foram comprados pelos muçulmanos. O Conde de Gobineau, que foi consul da França no Brasil, relata com provável exagero que em 1869 os livreiros franceses no Rio de Janeiro vendiam cerca de 100 exemplares do Alcorão por ano (cit. em Bastide, 1960: 200).

[93] Al-Baghdadi (2007: 24-25) relata que o jejum era feito no mês errado, mas não relaciona isso com o uso do calendário cristão. Ele afirma ter corrigido a data do jejum no Rio de Janeiro, mas encontrou resistência a essa mudança entre os muçulmanos de Recife (al-Baghdadi, 2007: 53-54).

outros observadores também dão a entender que a Festa do Sacrifício (*'Eid al-Adha*) era celebrada (Ricard, 1948: 63).

O uso de amuletos feitos pelos *alufás* e práticas protetoras e curativas, como beber a água de lavagem das tábuas de escrita nas quais tinham sido copiados versos do Alcorão, também eram parte integrante da religiosidade dos muçulmanos malês. Essas práticas somadas à transmissão do saber religioso através de uma relação mestre/discípulo e descrições de rituais que se assemelham ao *dhikr* permitem supor uma presença de influências sufis na religiosidade dos muçulmanos malês (al-Baghdadi, 2007: 20-21; Ricard, 1948: 65). As trocas religiosas com o catolicismo também eram intensas, pois os muçulmanos batizavam seus filhos e enterravam seus mortos segundo os ritos da Igreja Católica (al-Baghdadi, 2007: 28-29).

Embora as comunidades muçulmanas de origem escrava no Brasil possuíssem uma vida religiosa organizada e conseguissem fazer algumas conversões ao islã,[94] elas entraram em rápido declínio a partir do final do século XIX e desapareceram já em meados do século XX. A interrupção dos contatos com a África, que mantinham uma ligação das comunidades no Brasil com os centros religiosos islâmicos, e a repressão das manifestações de religiosidade muçulmana levaram ao fim das comunidades muçulmanas malês. Os membros das novas gerações trocaram o islã pelo catolicismo ou pelas religiões afro-brasileiras, levando à diluição da presença muçulmana em meras influências na religiosidade de origem africana (Rodrigues, 2004 [1906]: 79).

---

[94] Al-Baghdadi (2007: 22) avança o número, certamente exagerado, de 19.000 convertidos ao islã em todo o Brasil.

O caso de Carmem Teixeira da Conceição é paradigmático. Nascida muçulmana em 1877, ela se converteu ao catolicismo já adulta e se tornou extremamente devota. Porém, ao ser entrevistada aos 105 anos, ainda se emocionava ao recordar a vida religiosa dos negros muçulmanos do Rio de Janeiro (Vargens & Lopes, 1982: 75-76).

Na mesma época em que o islã de origem africana entrava em decadência, uma nova presença muçulmana começava a se instalar na sociedade brasileira através da imigração árabe vinda do Oriente Médio. As comunidades muçulmanas criadas pelos imigrantes árabes nunca se relacionaram com aquelas dos malês, sendo duas histórias descontínuas do islã no Brasil. Embora a maioria dos imigrantes provenientes da Síria, Líbano e Palestina fosse composta por cristãos, cerca de 15% deles eram muçulmanos (Lesser, 2001: 97). Entre os imigrantes árabes muçulmanos havia uma grande diversidade confessional, existindo sunitas, xiitas, alauítas e druzos.

Em 1929 foi fundada a Sociedade Beneficente Muçulmana em São Paulo. Embora essa sociedade fosse marcadamente sunita, ela foi a principal referência institucional dos muçulmanos, tanto sunitas quanto xiitas, por um longo tempo. Os rituais islâmicos, tais como as orações diárias e as festas do fim do Ramadan (*'Aid al-Fitr*) e do sacrifício (*'Aid al-Adha*), eram celebrados no salão da sociedade até a construção da Mesquita Brasil. A construção da Mesquita Brasil, a primeira do país, estendeu-se de 1942 a 1960, e desde 1950 os rituais islâmicos passaram a ser celebrados em seu interior. Na década de 50 sociedades beneficentes muçulmanas sunitas foram criadas no Rio de Janeiro e no Paraná.

Apesar da importância da Sociedade Beneficente Muçulmana em São Paulo, os druzos e os alauítas criaram suas próprias instituições em Minas Gerais e no Rio de Janeiro. Além da distância geográfica, um fator importante nesse desenvolvimento foi o fato dessas seitas muçulmanas não se identificarem com a interpretação do islã praticada nas instituições sunitas. A Sociedade Beneficente Alauíta foi fundada em 1931, no Rio de Janeiro. Em 1929 foi fundada a Sociedade Beneficente Druziense em Oliveira (MG), a qual foi transferida para Belo Horizonte em 1956. Em 1969 foi criado o Lar Druzo Brasileiro em São Paulo.

As sociedades beneficentes das diferentes comunidades muçulmanas tinham como objetivo servir de espaços de sociabilidade onde as famílias poderiam estar em contato, e as novas gerações serem socializadas nos costumes de sua comunidade. Outra função importante das sociedades beneficentes era permitir que os membros das novas gerações encontrassem cônjuges dentro da comunidade muçulmana de origem árabe. A missão de transmitir as tradições culturais dos imigrantes muçulmanos e de manter as gerações nascidas no Brasil dentro do universo religioso do islã estruturou o caráter das instituições muçulmanas no Brasil até o início do século XXI.

Mesmo instituições que teoricamente estariam voltadas à difusão do islã na sociedade brasileira, como o CDIAL (Centro de Difusão do Islã na América Latina) e a WAMY (Assembleia Mundial da Juventude Islâmica), ambas criadas em São Paulo, nos anos 60, tinham uma atuação missionária muito discreta. As atividades dessas instituições sempre foram muito mais voltadas para despertar uma consciência religiosa entre os filhos de muçulmanos nascidos no Brasil do que para converter brasileiros sem origem muçulmana.

A necessidade de transmitir a identidade muçulmana aos membros das novas gerações atingiu todas as vertentes do islã no Brasil. A intensidade dessa questão pode ser medida pelo fato de Nagib Assrauy, um intelectual druzo, ter publicado um livro explicando didaticamente os pontos básicos do druzismo (Assrauy, 1967). Essa ruptura com as formas tradicionais de transmissão do saber religioso, que entre os druzos é restrito àqueles iniciados na tradição esotérica, deve-se ao fato de a comunidade no Brasil não poder contar com um contexto cultural que permitia a transmissão da identidade druza fora das refrências doutrinais e rituais do sistema religioso.

Os anos 70 viram um aumento da imigração muçulmana proveniente do Oriente Médio, impulsionada pela Guerra Civil Libanesa (1975-1990), as guerras árabe-israelenses, a ocupação israelense dos territórios palestinos e do sul do Líbano e a crise econômica na região. O aumento do número de muçulmanos foi acompanhado da criação de mesquitas construídas com detalhes arquitetônicos islâmicos (minarete, arcos, inscrições em árabe etc.). A partir dos anos 80 mesquitas foram construídas no Paraná, em São Paulo, no Mato Grosso, em Goiás, no Distrito Federal e em Minas Gerais. Já a mesquita do Rio de Janeiro só foi inaugurada em 2007.[95]

Essas mesquitas eram majoritariamente sunitas, porém o crescimento do número de xiitas levou à construção de mesquitas xiitas em São Paulo (Mesquita do Brás) e em Foz do Iguaçu. Algumas comunidades muçulmanas, como a de Curitiba,

[95] Uma mesquita construída em 1984, em Jacarepaguá, logo deixou de ser usada pela comunidade muçulmana, que continuou a se reunir, até 2007, no salão da Sociedade Beneficente Muçulmana no centro do Rio de Janeiro.

tornaram-se mistas. A proliferação de mesquitas em geral contou com financiamento da Arábia Saudita ou do Irã,[96] cuja disputa pelo controle da imaginação religiosa islâmica passava pelo estabelecimento de canais de influência em comunidades muçulmanas no mundo inteiro. A construção das mesquitas permitiu que o aspecto religioso das instituições muçulmanas começasse a ganhar mais importância em relação a sua função como espaço de sociabilidade da comunidade muçulmana de origem árabe.

Apesar disso, as comunidades muçulmanas continuaram a ter uma presença discreta na sociedade brasileira, sendo poucos os esforços de proselitismo junto aos brasileiros sem origem muçulmana. O pouco interesse na conversão de não muçulmanos se deveu, em parte, às percepções que muitos *shaykhs* tinham do Brasil. Segundo o relato de brasileiros convertidos, para muitos desses líderes religiosos, todos vindos do Egito, Líbano ou Arábia Saudita, a sociedade brasileira seria marcada pela sensualidade e pelo hedonismo, cuja expressão máxima seria o Carnaval, o que tornaria infrutífero qualquer trabalho de divulgação do islã.

Os poucos convertidos brasileiros que existiam antes de 2001 pressionavam para uma atitude mais ativa na divulgação do islã. Uma das primeiras convertidas ao islã a se opor à ideia da existência de uma incompatibilidade entre o islã e a cultura brasileira foi a carioca Maria Moreira, convertida em 1990. Em

---

[96] A Mesquita Brasil foi construída com doações da monarquia egípcia. Essa influência inicial do Egito nas intuições muçulmanas pode ser percebida no fato de que até 2005 a maior parte dos *shaykhs* no Brasil tinham sua formação religiosa feita na universidade de al-Azhar.

vários artigos publicados em seu site de internet, ela argumentava que, para além das aparências, o Brasil era uma sociedade extremamente religiosa e que, se os cristãos evangélicos tinham sucesso no seu proselitismo, os muçulmanos também poderiam ter.[97]

Esse quadro mudou radicalmente a partir de 2001, quando o islã e os muçulmanos ganharam uma maior visibilidade na sociedade brasileira. O evento que marcou essa mudança não foi tanto o 11 de Setembro, mas a novela *O Clone,* que possuía entre as personagens principais os membros de uma família muçulmana no Rio de Janeiro. Apesar das incorreções factuais e dos estereótipos orientalistas que povoavam a trama fantasiosa, a novela introduziu no imaginário cultural brasileiro imagens bastante positivas dos muçulmanos como pessoas alegres e devotadas à família (Montenegro, 2004).

Desse modo, os discursos estigmatizantes sobre o islã criados no pós-11 de Setembro não tiveram o monopólio da representação do islã na esfera pública brasileira, uma vez que tinham de enfrentar a concorrência dos discursos de cunho positivo veiculados pela novela. O próprio impacto do 11 de Setembro na situação dos muçulmanos no Brasil não pode ser reduzido ao discurso produzido pela mídia e pelo governo norte-americano, uma vez que uma vertente do nacionalismo brasileiro constrói o discurso nacional em oposição ao imperialismo norte-americano e à "ameaça" que este representaria

[97] Ver os artigos em http://www.geocities.com/islamicchat/ ou http://islamicchat.org. O site foi criado em 1999. Em 27/08/2009 parecia estar desativado ou em manutenção.

para a soberania nacional.[98] Segundo a ótica do nacionalismo brasileiro de cunho nativista, o 11 de Setembro teria revelado o islã como uma força de afirmação de autenticidade cultural e oposição ao imperialismo norte-americano.[99]

No entanto, isso não quer dizer que discursos estigmatizantes não tenham sido elaborados sobre o islã e os muçulmanos. Muitas comunidades muçulmanas no Brasil foram alvo de discursos que tentavam representá-las como possíveis arenas de atuação de grupos "terroristas". A comunidade muçulmana na Tríplice Fronteira, em Foz do Iguaçu e Ciudad del Este, foi objeto de uma longa campanha promovida pelos governos norte-americano e argentino e ampliada pela mídia internacional e brasileira. Segundo essas fontes, a comunidade muçulmana da Tríplice Fronteira estaria abrigando em seu meio agentes da al-Qaida, Hamas e Hizbollah que estariam envolvidos nos atentados

---

[98] O nacionalismo brasileiro de caráter "nativista" atrai adeptos situados à direita e à esquerda do espectro político. Para um exemplo militante desse tipo de nacionalismo "anti-imperialista", ver os textos no site do Movimento Pela Valorização do Idioma, das Riquezas e da Cultura do Brasil (MV-Brasil): http://mv-brasil.org.br/index2.htm.

[99] Os usos picarescos de símbolos do militantismo islâmico na cultura brasileira podem ser vistos no sucesso que as máscaras de Bin Laden fizeram no Carnaval carioca e na abertura, em Niterói, de um Bar do Bin Laden e um sinuca-bar chamado Caverna do Bin Laden, após o 11 de Setembro. Do mesmo modo, o surfista paranaense de origem libanesa Jihad Khodr ganhou competições de surf no Brasil com uma pracha "decorada" com a imagem de Bin Laden. O mesmo surfista foi impedido de participar com essa prancha de uma competição nos EUA, mas nunca sofreu nenhuma sanção semelhante ao competir no Brasil (http://globoesporte.globo.com/ESP/Noticia/Surfe/0,,MUL148355-7497,00.html). Tal relação de jocosidade com os símbolos relacionados ao 11 de Setembro seria impossível se não houvesse uma boa dose de ambiguidade na ressignificação cultural que eles receberam no Brasil.

contra a Embaixada de Israel e a AMIA em Buenos Aires, em 1992 e 1994. Essas acusações, que nunca foram comprovadas por nenhuma investigação realizada, colocaram uma grande pressão na comunidade muçulmana de Foz do Iguaçu, que se viu obrigada a se defender das acusações de terrorismo veiculadas pela mídia[100] (Montenegro & Béliveau, 2006).

A crescente visibilidade do islã resultou em sua incorporação como parte integrante do campo religioso brasileiro, onde constituiu mais uma opção de conversão no "circuito religioso". Em praticamente todas as comunidades muçulmanas com as quais tive contato durante minha pesquisa de campo, ouvi relatos que afirmavam que as conversões ao islã cresceram de forma espetacular após 2001. Evidentemente a maior visibilidade do islã não pode explicar por si só as conversões, que se devem também às novas relações que as comunidades muçulmanas estabeleceram com a sociedade brasileira a partir dessa data.

O crescimento das conversões ao islã se deu nas comunidades que criaram canais de diálogo com os brasileiros não muçulmanos e canais de integração dos convertidos, mas não ocorreu naquelas que continuaram a se pensar como espaços de reprodução da tradição cultural dos imigrantes muçulmanos do Oriente Médio. Assim, o número de convertidos[101] na comu-

[100] Vide o artigo "Os Terroristas Estão Aqui?", publicado na revista Época, edição 460, em março de 2007.

[101] Os muçulmanos brasileiros não se referem àqueles que aderem ao islã como "convertidos", usando para tanto o termo "revertidos". Esse uso linguístico refere-se à doutrina islâmica que considera que todos os seres humanos nascem muçulmanos e, posteriormente, o meio familiar e cultural leva alguns a adotarem outras identidades religiosas. Segundo esse raciocínio ninguém estaria convertendo-se ao adotar o islã, mas sim se revertendo a sua religião original.

nidade muçulmana do Rio de Janeiro saltou de 15% em 1997 para 85% em 2009,[102] mas permaneceu praticamente nulo nas comunidades sunita e xiita de Foz do Iguaçu durante o mesmo período.[103] De qualquer forma, a conversão ao islã se tornou um fenômeno visível em diferentes proporções nas comunidades muçulmanas do Rio de Janeiro, de São Paulo, Recife, Porto Alegre e, em menor escala, Curitiba.

As histórias de conversão que pude recolher nas comunidades muçulmanas citadas acima apresentam quatro padrões reconhecíveis de trajetória biográfica e de adesão ao islã:

- "Conversão matrimonial", que inclui pessoas que se converteram para casar com muçulmanos ou muçulmanas ou por estarem casadas com pessoas que se converteram ao islã.
- "Conversão afetiva", que envolve pessoas que conheceram e aderiram ao islã a partir de relações de admiração ou amizade com muçulmanos com os quais elas convivem em ambientes de trabalho, estudo ou lazer.
- "Conversão intelectual", que geralmente está ligada a membros da classe média ou estudantes universitários que se interessaram em conhecer melhor o islã, devido à sua visibilidade na mídia ou à curiosidade despertada por cursos universitários, e acabaram por se identificar com a sua dimensão religiosa.
- "Conversão ideológica", que envolve ex-militantes de partidos ou movimentos de esquerda que, ao se desiludirem

---

[102] Cifras obtidas em entrevista feita em 2009 com membros do corpo dirigente da Sociedade Beneficente Muçulmana do Rio de Janeiro.

[103] Dado obtido em entrevistas feitas em 2008 com o *shaykh* da Mesquita Omar Ibn Khatab e com o *shaykh* da Mesquita Imam Khomeini, ambas em Foz do Iguaçu.

com os rumos da esquerda no Brasil, veem no islã uma nova forma de "terceiro mundismo" que inclui a luta contra o imperialismo na sua mensagem religiosa.

O processo de incorporação dos novos convertidos ao islã não se fez no sentido de diluí-los no conjunto de fiéis das comunidades muçulmanas no Brasil, mas sim no de posicioná-los em um constante debate com os muçulmanos cuja origem está ligada à imigração àrabe. Dois elementos contrastivos demarcam a fronteira entre os muçulmanos de origem árabe e os convertidos sem origem árabe, que são chamados genericamente de "brasileiros" pelos primeiros:[104] os diacríticos culturais árabes (língua, formas de interação social, hábitos alimentares etc.) e a forma de codificação do islã em doutrinas e práticas.

Nas comunidades muçulmanas onde os imigrantes árabes e seus descendentes constituem uma maioria absoluta dos membros, como ocorre em São Paulo e no Paraná, a língua árabe é usada nas atividades religiosas, como no sermão de sexta-feira, assim como nas interações sociais informais. Nesse contexto os convertidos relatam se sentirem excluídos tanto do acesso ao saber religio-

---

[104] Uso aqui o termo "muçulmano de origem árabe" porque o contraste entre os muçulmanos de origem muçulmana e os convertidos se dá segundo critérios de pertencimento étnico ligado à identidade árabe. Assim, um convertido de origem árabe que tem uma certa competência cultural no uso da língua árabe tende a se diluir no grupo dos muçulmanos árabes, não sendo classificado como "brasileiro" como são chamados os convertidos sem origem árabe. Do mesmo modo, os muçulmanos africanos, mesmo os que possuem origem muçulmana, são classificados como distintos dos árabes e dos brasileiros. Como os árabes são demográfica e simbolicamente dominantes em quase todas as comunidades muçulmanas no Brasil, os contrastes identitários mais proeminentes são árabe/brasileiro e árabe/africano, ficando o contraste brasileiro/africano em segundo plano.

so quanto do convívio social da comunidade. Além disso, os muçulmanos de origem árabe tendem a considerar que possuem maior conhecimento religioso que os convertidos, uma vez que já possuem uma "cultura muçulmana" e o domínio da língua árabe lhes daria acesso à versão original dos textos sagrados.

Nas comunidades em que os convertidos constituem uma presença demográfica ou simbólica importante, o problema da circulação do conhecimento foi resolvido ou minimizado com a adoção do português como língua de comunicação religiosa juntamente com o árabe. Assim, na Mesquita do Rio de Janeiro o sermão de sexta-feira é feito em português, que também é a língua usada nos cursos oferecidos pela Sociedade Beneficente Muçulmana (Chagas, 2006). Na Mesquita do Pari (Salah al-Din) em São Paulo, que pertence à Liga da Juventude Islâmica, o sermão é feito em árabe, e aqueles que quiserem podem acompanhá-lo em tradução simultânea para o português através de fones de ouvido distribuídos na entrada.

O sermão em árabe com tradução para o português, seja ela simultânea ou posterior à fala em árabe, é o modelo que se difundiu pela maior parte das comunidades muçulmanas no Brasil. Esse processo mostra a crescente presença de convertidos e das novas gerações que não têm o árabe como primeira língua. Porém a manutenção do árabe como contexto linguístico das interações religiosas mostra o alto valor simbólico dessa língua. Significativamente, a adoção do português geralmente é acompanhada do oferecimento de cursos de árabe nas mesquitas.

Os convertidos, embora concordem que o conhecimento da língua árabe é importante para a aquisição do saber religioso, recusam completamente a ideia de que o domínio dos diacríticos culturais árabes conferiria um maior conhecimento religioso aos muçulmanos de origem árabe. Eles inclusive consideram seu saber religioso como superior ao da maioria dos descendentes de árabes, uma vez que estes simplesmente reproduziriam costumes herdados que muitas vezes não seriam fundamentados nos textos sagrados.

No debate sobre o saber religioso, aparece a questão da codificação do islã. Para os muçulmanos de origem árabe, o islã inclui, além dos textos sagrados, uma série de tradições culturais construídas como islâmicas (rezas protetoras, amuletos azuis contra o mal-olhado, celebrações do aniversário do Profeta etc.). Já para os convertidos, o islã é codificado como uma série de doutrinas e práticas prescritas pelos textos sagrados – que para eles são apenas o Alcorão e as coleções canônicas de Hadith – e organizadas em um sistema abstrato que deve ser conhecido e seguido em sua totalidade. A ênfase nos textos sagrados como instância última de legitmação das práticas e doutrinas religiosas faz com que os convertidos brasileiros tenham maior afinidade religiosa com o salafismo (*salafiyya*).

A codificação salafita do islã como um sistema integrado de princípios abstratos que podem ser apreendidos a partir do estudo dos textos sagrados é extremamente atraente para os convertidos, pois oferece a eles a possibilidade de adquirir o saber religioso relevante para a sua vida religiosa como muçulmanos independentemente do seu grau de familiaridade com as tradições culturais do mundo árabe. Essa codificação doutrinal do islã também é dominante nos cursos oferecidos pelas mesquitas e sociedades beneficentes muçulmanas, uma vez que é adequada a uma transmissão pedagógica baseada no discurso professoral e na leitura de textos.

Entre os convertidos também é extremamente comum a busca de conhecimento doutrinal através da internet, sendo os sites que contém *fatwas* e discursos dos *'ulama* conceituados os mais citados nas entrevistas que fiz. Interessantemente, as grandes figuras midiáticas do *cyber-islã* internacional, como o *shaykh* Yussef Qaradawi, são pouco mencionadas entre os convertidos brasileiros, que costumam ter o *shaykh* Ibn al-Baz, o já falecido *mufti* da Arábia Saudita, como uma referência mais presente. A influência saudita por meio do *cyber-islã* faz com que o salafismo dos convertidos brasileiros tenha uma clara influência wahhabita. Isso faz com que os convertidos geralmente sejam menos tolerantes quanto à variação de práticas e doutrinas islâmicas que os muçulmanos de origem árabe, que são mais conscientes das diferentes tradições islâmicas que coexistem no Oriente Médio.

As diferenças no tipo de imaginação religiosa existente entre convertidos brasileiros e muçulmanos de origem árabe não costumam ganhar relevância nas comunidades em que o salafismo é a interpretação do islã oficialmente adotada, como é o caso nas mesquitas do Rio de Janeiro e de São Bernardo do Campo. Porém a vinda de *shaykhs* sírios ou libaneses com formação religiosa na Síria introduziu em algumas mesquitas de São Paulo codificações do islã com uma forte influência sufi.[105] Assim, algumas práticas, como a celebração do Aniversário do Profeta (*Mawlid al-Nabawi*), que tem grande importância na cultura religiosa da Síria e do Líbano, ganharam visibilidade nas comunidades lideradas por esses *shaykhs*.

---

[105] Até recentemente os *shaykhs* nas mesquitas brasileiras costumavam ser egípcios formados em al-Azhar com tendências salafitas ou, em alguns casos, brasileiros e árabes formados na Universidade Islâmica de Medina, na Arábia Saudita, de onde traziam uma forte influência wahhabita. Na Síria diferentes formas de sufismo perpassam o campo religioso islâmico, estando presentes tanto no discurso teológico dos *'ulama* quanto nas manifestações de religiosidade popular (Pinto, 2007).

Na ocasião da celebração do *Mawlid*, os convertidos brasileiros costumam retirar-se após a oração, pois consideram essa festa como sendo *bida'* (inovação condenável), uma vez que ela não tem base nos textos sagrados, enquanto os muçulmanos árabes participam ativamente do ritual, o qual eles reconhecem como parte de sua cultura religiosa. Dessa forma, as fronteiras identitárias existentes nas comunidades muçulmanas brasileiras não delimitam apenas arenas de pertencimento étnico, mas também distintas formas de imaginação religiosa que permitem aos muçulmanos comunicarem suas diferenças culturais dentro do universo semântico do islã.

As tensões geradas pelos contrastes identitários presentes nas comunidades muçulmanas levaram, em um desenvolvimento recente, à criação de *mussalas* (salas de oração). Assim, grupos que não se sentiam plenamente integrados nas comunidades com um forte caráter étnico árabe ou que não concordavam com a interpretação do islã praticada nas suas comunidades passaram a criar seu próprio espaço comunitário com as novas *mussalas*. Os muçulmanos africanos criaram em 2005 uma *mussala* na Praça da República, em São Paulo, chamada Mesquita Bilal al-Habashi, nome do ex-escravo etíope que foi companheiro do Profeta e o primeiro muezin.

Seguindo essa tendência, um grupo de convertidos brasileiros criou em 2007 uma *mussala* no bairro do Paraíso, em São Paulo. Os membros dessa *mussala* estão conectados ao movimento pietista de origem indiana Tablighi Jamaat, que prega a emulação da *persona* do Profeta. A crescente influência tablighi entre os convertidos brasileiros mostra um esforço destes no sentido de superar as discussões interpretativas que marcam o campo religioso islâmico através da corporificação do exemplo moral do Profeta e sua inscrição na própria trajetória biográfica do fiel.[106]

Apesar do incômodo dos convertidos brasileiros com o que eles costumavam definir como uma confusão entre islã e cultura árabe praticada nas comunidades muçulmanas, cuja maioria dos membros eram de origem árabe, nas *mussalas* criadas por eles as posições de liderança também costumam ser atribuídas a descendentes de árabes. O prestígio religioso destes está ligado a sua competência linguística no idioma árabe e, logo, a seu acesso à versão original dos textos sagrados. Os convertidos brasileiros também buscam ativamente adquirir uma competência linguística no idioma árabe, participando dos cursos de árabe oferecidos nas *mussalas*.

A manutenção do prestígio da língua árabe nas *mussalas* criadas pelos convertidos brasileiros mostra a inadequação da ideia de "integração cultural" que perpassa boa parte dos artigos e teses escritos sobre as comunidades muçulmanas no Brasil. O argumento compartilhado por esses estudos é que os diacríticos culturais árabes (língua, concepções de pessoa, relações de gênero, conexões culturais com o Oriente Médio etc.) devem desaparecer para que um verdadeiro "islã brasileiro" possa emergir (Peres, 2006; Ferreira, 2007).

No entanto, empiricamente, a reivindicação dos convertidos não é a abolição dos diacríticos culturais árabes, em particular a língua, mas sim o fim de seu uso para criar hierarquias entre as identidades étnicas que constituem as comunidades

[106] As comunidades sufis também são outro espaço religioso onde os convertidos brasileiros são dominantes. Porém, diferentemente do que ocorre na Argentina, o sufismo ocupa um lugar bastante periférico no campo religioso islâmico no Brasil. Existe uma *zawiya* ligada à Naqshbandiyya no Rio de Janeiro, uma ligada à Halvetia Jerrahi em São Paulo; e uma ligada à Shadhiliyya Yashrutiyya também em São Paulo.

muçulmanas. Os convertidos costumam empenhar-se em aprender a língua árabe, pois eles consideram-na um elemento fundamental para o desenvolvimento do seu saber religioso.

Mesmo as tradições culturais árabes não são totalmente rejeitadas. Muitos convertidos expressam o desejo de conhecer o Oriente Médio, e é cada vez mais comum encontrar convertidos brasileiros que viajaram ou viveram nos países da região para estudar a língua árabe ou simplesmente para ter uma experiência cultural em uma "sociedade muçulmana". Além disso, as "grandes questões" do mundo árabe, como a Palestina e o Iraque, costumam mobilizar os convertidos com uma intensidade igual àquela dos muçulmanos de origem árabe ou maior. Desse modo, os brasileiros convertidos ao islã não rejeitam os diacríticos culturais árabes em si, em particular aqueles que possuem um valor religioso como a língua, mas sim seu uso para a construção de hierarquias excludentes baseadas em uma etnificação do islã como "religião árabe".

Na verdade, um processo de localização completa das comunidades muçulmanas no universo cultural brasileiro provavelmente retiraria delas boa parte de sua capacidade de atrair novos convertidos. Os brasileiros que se convertem ao islã buscam um sistema religioso que lhes dê uma inserção nas diferentes esferas locais, nacionais e transnacionais de produção de sentido no mundo contemporâneo. As conexões simbólicas e práticas com o Oriente Médio ou, no caso dos tablighis, a África e o sul da Ásia permitem aos muçulmanos brasileiros vivenciar diferentes arenas globais através de suas identidades religiosas. Desse modo, podemos afirmar que, se a adoção do cristianismo em contextos não europeus do século XIX pôde ser definida como uma "conversão à modernidade" (Van der Veer, 1996), a entrada de brasileiros no islã pode ser vista como uma "conversão à globalização".

# Considerações finais

Um livro como este não pode ter uma conclusão, uma vez que os processos sociais e culturais que produzem e moldam as diversas formas de existência que constituem o universo religioso e civilizacional do islã estão em contínuo fluxo histórico.

No entanto, acredito que a proposta de mostrar os vários contextos nos quais diferentes construções da tradição islâmica emergem e os efeitos que elas têm nas sociedades e comunidades muçulmanas tenha sido cumprida.

O objetivo deste livro é o de oferecer, juntamente com as informações relevantes, perspectivas analíticas que permitam uma melhor compreensão dos muçulmanos em seu engajamento com as diferentes esferas de ação e comunicação que produzem o mundo em que vivemos.

# Bibliografia

Abu-Lughod, Lila. *Dramas of Nationhood: The Politics of Television in Egypt*. Chicago: Chicago University Press, 2005.

Abrahamian, Ervand. *Khomeinism*. Berkeley: University of California Press, 1993.

Aghaie, Kamran. *The Martyrs of Karbala: Shi'i Symbols and Rituals in Modern Iran*. Seattle: University of Washington Press, 2004.

Aghaie, Kamran (org.). *The Women of Karbala: Ritual Performances and Symbolic Discourses in Modern Shi'i Islam*. Austin: University of Texas Press, 2005.

al-Zawahiri, Ayman. *L'Absolution*. Paris: Editions Milelli, 2008.

*Alcorão* (*Tradução do Sentido do Nobre Alcorão Para a Língua Portuguesa*). Texto árabe e tradução de Helmi Nasr. Medina: Complexo do Rei Fahd para Imprimir o Alcorão Nobre, 1427 h. (2007 a.d.).

Ajami, Fouad. *The Vanished Imam: Musa al-Sadr and the Shia of Lebanon*. Ithaca: Cornell University Press, 1986.

Anderson, Benedict. *Imagined Communities*. London: Verson, 1991.

Asad, Talal. *The Idea of an Anthropology of Islam*. Washington: Center for Contemporary Arab Studies, Georgetown University (Occasional Papers Series), 1986.

_____. *On Suicide Bombing*. New York: Columbia University Press, 2007.

Assrauy, Nagib. *O Druzismo*. Belo Horizonte: Ed. São Vicente, 1967.

Bastide, Roger. *Les Religions Africaines au Brésil*. Paris: PUF, 1960.

al-Baghdadi (al-Dimachqi), 'Abdurahman. *Deleite do Estrangeiro em Tudo que é Espantoso e Maravilhoso*. Texto árabe com tradução de Paulo Daniel Farah. Rio de Janeiro/Caracas/Argel: Bibliaspa/Biblioteca Nacional/Biblioteca Ayacucho/Bibliothèque Nationale d'Algérie, 2007.

Berque, Jacques. "The Koranic Text: From Revelation to Compilation" In *The Book in the Islamic World*. George Atiyeh (ed.). Albany: SUNY Press, 1995.

Al-Buti, Sa'id Ramadan. *Al-Salafiyya*. Damasco: Dar al-Fikr, 1998.

Carré, Olivier & Seurat, Michel. *Les Frères Musulmans (1928-1982)*. Paris: L'Harmattan, 1983.

Cavalcante Jr., Cláudio. *Processos de Construção e Comunicação das Identidades Negras e Africanas na Comunidade Muçulmana Sunita do Rio de Janeiro*. Niterói: Dissertação de Mestrado em Antropologia, PPGA – UFF, 2008.

Cesari, Jocelyne. *L'Islam à l'Épreuve de l'Occident*. Paris: La Découverte, 2004.

Chagas, Gisele Fonseca. *Conhecimento, Identidade e Poder na Comunidade Muçulmana Sunita do Rio de Janeiro*. Niterói: Dissertação de Mestrado em Antropologia, PPGA – UFF, 2006.

Chamberlain, Michael. *Knowledge and Social Practice in Medieval Damascus, 1190-1350*. Cambridge: Cambridge University Press, 1994.

Chiffoleau, Sylvia. "Le Pèlerinage à la Mecque à l'Époque Coloniale: Matriced'une Opinion Publique Musulmane?" In *Les Pèlerinages au Maghreb et au Moyen Orient: Espaces Publics, Espaces du Public*. Sylvia Chiffoleau & Anna Madoeuf (orgs.). Beirute: IFPO, 2005.

Christmann, Andreas. "Une Piété Inventée: Le Ramadan dans les Mass Media Syriens" In *Ramadan et Politique*. Fariba Adelkhah & François Georgeon (orgs.). Paris: CNRS, 2000.

Commins, David. *Islamic Reform: Politics and Social Change in Late Ottoman Syria*. Oxford: Oxford University Press, 1990.

Commins, David. "Le Salafisme en Arabie Saudite" In *Qu'est-ce que le Salafisme?*. Bernard Rougier (org.). Paris: PUF, 2008.

Deeb, Lara. *An Enchanted Modern: Gender and Public Piety in Shi'I Lebanon*. Princeton: Princeton University Press, 2006.

Dermenghem, Émile. *Mahomet*. Rio de Janeiro: Cruzeiro, 1944.

*Description de l'Egypte*. Colônia: Taschen, 1994 [1809-1828].

Eickelman, Dale. *Knowledge and Power in Morocco*. Princeton: Princeton University Press, 1985.

Eickelman, Dale. *The Middle East and Central Asia: An Anthropological Approach*. Upper Saddle River: Prentice Hall, 2002.

Eickelman, Dale & James Piscatori. *Muslim Politics*. Princeton: Princeton University Press, 1996.

El-Zein, Hamid. "Beyond Ideology and Theology: The Search for the Anthropology of Islam", *Annual Review of Anthropology* VI, 1977.

Ezzerelli, Kaïs. "Le Pèlerinage à la Mecque au Temps du Chemin de Fer du Hedjaz (1908-1914)". In *Les Pèlerinages au Maghreb et au Moyen Orient: Espaces Publics, Espaces du Public*. Sylvia Chiffoleau & Anna Madoeuf (orgs.). Beirute: IFPO, 2005.

Ferreira, Francirosy Campos Barbosa. *Entre arabescos, luas e tâmaras: performances islâmicas em São Paulo*. São Paulo: Tese de Doutorado em Antropologia, FFCHL – USP, 2007.

Fischer, Michael. *Iran, from Religious Dispute to Revolution*. Madison: University of Wisconsin Press, 2003.

Geertz, Clifford. *Islam Observed*. Chicago: University of Chicago Press, 1968.

Geoffroy, Eric. *Le Soufisme en Egypte et en Syrie, Sous les Demiers Mamelouks et les Premiers Ottomans: Orientations Spirituelles et Enjeux Culturels*. Damascus: IFEAD, 1995.

Geoffroy, Eric. *Initiation au Soufisme*. Paris: Fayard, 2003.

Georgeon, François. "Présentation". In *Ramadan et Politique*. Fariba Adelkhah & François Georgeon (orgs.). Paris: CNRS, 2000.

Gilsenan, Michael. *Recognizing Islam*. London: I.B. Tauris, 2000 [1982].

Goody, Jack. *Islam in Europe*. Cambridge: Polity, 2004.

Haddad, Yvonne & Lummis, Adair. *Islamic Values in the United States: A Comparative Study*. Oxford: Oxford University Press, 1987.

Haenni, Patrick. *L'Islam de Marché: L'Autre Révolution Conservatrice*. Paris: Seuil, 2005.

Haenni, Patrick. "Ils n'en ont pas Fini avec l'Orient: Quelques Islamisations non Islamistes", *Revue des Mondes Musulmans et de la Mediterranée* (*REMMM*), 85-86: 121-147, 1999.

Hefner, Robert. *Civil Islam: Muslims and Democratization in Indonesia*. Princeton: Princeton University Press, 2000.

Ho, Engseng. "Empire Through Diasporic Eyes: A View From the Other Boat", *Comparative Studies of Society and History*, 2004.

Hourani, Albert. *Arabic Thought in the Liberal Age 1798-1939*. Oxford: Oxford University Press, 1970.

Hourani, Albert. *Uma História dos Povos Árabes*. São Paulo: Cia. das Letras, 1994.

Ibn Hicham (Ibn Hisham). *La Biographie du Prophète Mahomet*. Paris: Fayard, 2004.

Ibn Khaldun. *The Muqaddimah*. Princeton: Princeton University Press, 1981.

al-Jabarti, 'Abd al-Rahman. *Napoleon in Egypt: Chronicle of the French Occupation 1798*. Princeton: Markus Wiener, 2006.

Karamustafa, Ahmet. *God's Unruly Friends: Dervish Groups in the Islamic Middle Period 1200-1550*. London: Oneworld, 2006.

Kepel, Gilles. *Les Banlieus de l'Islam: Naissance d'une Religion en France*. Paris: Seuil, 1991.

_____. *Muslim Extremism in Egypt: The Prophet and Pharaoh*. Berkeley: University of California Press, 1993.

_____. *Allah in the West: Islamic Movements in America and Europe*. Stanford: Stanford University Press, 1997.

_____. *Jihad: The Trail of Political Islam*. Cambridge: Harvard University Press, 2002.

Kepel, Gilles. *Fitna: Guerre au Coeur de l'Islam*. Paris: Gallimard, 2004.

Kepel, Gilles & Milelli, Jean-Pierre (orgs.). *Al-Qaida dans le Texte: Écrits d'Oussama Ben Laden, Abdallah Azzam, Ayman al-Zawahiri et Abou Moussab al-Zarqawi*. Paris: PUF, 2008.

Korom, Frank. *Hosay Trinidad: Muharram Performances in an Indo-Caribbean Diaspora*. Philadelphia: University of Pennsylvania Press, 2003.

Lapidus, Ira. *A History of Islamic Societies*. Cambridge: Cambridge University Press, 1988.

Lesser, Jeffrey. *A Negociação da Identidade Nacional: Imigrantes e Minorias e a Luta pela Etnicidade no Brasil*. São Paulo: UNESP, 2001.

Lindholm, Charles. *The Islamic Middle East: Tradition and Change*. Oxford: Blackwell, 2002.

Mahmood, Saba. *Politics of Piety: The Islamic Revival and the Feminist Subject*. Princeton: Princeton University Press, 2005.

Makdisi, George. *The Rise of Colleges: Institutions of Learning in Islam and the West*. Edinburgh: University of Edinburgh Press, 1981.

Makdisi, Ussama. *The Culture of Sectarianism: Community, History and Violence in Nineteenth-Century Lebanon*. Berkeley: University of California Press, 2000.

Massignon, Louis. *Essay on the Origins of the Technical Language of the Islamic Mysticism*. Indiana: University of Notre Dame Press, 1997 [1922].

Masters, Bruce. "The 1850 Events in Aleppo: An Aftershock of Syria's Incorporation into the Capitalist World System", *International Journal of Middle East Studies* 22 (1): 3-20, 1990.

Mervin, Sabrina. *Un Reformisme Chiite*. Paris/Beirute/ Damasco: Karthala/CERMOC/IFEAD, 2000.

_____. "Quelques Jalons pour une Histoire du Rapprochement (*taqrib*) des Alaouites vers le Chiisme". In *Islamstudien ohne Ende, Festschrift fur Werner Ende*. Deutsche Morgenlandische Gesellschaft, Wuzburg: Ergon Verlag, 2002.

Mitchell, Richard. *The Society of the Muslim Brothers*. Oxford: Oxford University Press, 1969.

Montenegro, Silvia. "Telenovela et Identités Musulmanes au Brésil", *Lusotopie*, XI (1): 243-261, 2004.

Montenegro, Silvia & Béliveau, Verónica. *La Triple Frontera: Globalización y Construcción Social del Espacio*. Buenos Aires: Miño y Dávila, 2006.

Mottahedeh, Roy. *The Mantle of the Prophet: Religion and Politics in Iran*. London: Oneworld, 2000.

Nakash, Itzhak. *The Shi'is of Iraq*. Princeton: Princeton University Press, 1994.

Norton, Augustus Richard. *Hezbollah*. Princeton: Princeton University Press, 2007.

Nwyia, Paul. *Exégèse Coranique et Language Mystique: Nouvel Essay sur Le Lexique Technique des Mystiques Musulmans*. Beirute: Dar al-Machreq, 1991.

Oliveira, Vitória Peres. "O Islã no Brasil ou o Islã do Brasil?", *Religião & Sociedade* 26 (1): 83-114, 2006.

Pinto, Paulo Gabriel Hilu da Rocha. "Mercados de Devoção: Consumo e Identidades Religiosas nos Santuários de Peregrinação Xiita na Síria". In: Lívia Barbosa e Colin Campbell (orgs.). *Cultura, Consumo e Identidade*. Rio de Janeiro: Editora da FGV, 2006.

_____. "Religions et Religiosité em Syrie". In *La Syrie au Présent: Reflets d'une Société.* Baudoin Dupret; Zouhair Ghazzal; Youssef Courbage & Mohammed al-Dbiyat (orgs.). Arles: Actes Sud, 2007.

_____. "Ritual, Etnicidade e Identidade Religiosa nas Comunidades Muçulmanas no Brasil", *Revista USP* 67: 228-250, 2005.

Qutb, Sayyid. *Milestones.* Indianapolis: American Trust Publications, 1990 [1964].

Reis, João José. *Rebelião Escrava no Brasil: A História do Levante dos Malês.* São Paulo: Cia. das Letras, 2003.

Ricard, Robert. "L'Islam Noir à Bahia d'Après les Travaux de l'École Ethnographique Brésilienne", *Hesperis: Archives Berbères et Bulletin de l'Institut des Hautes-Études de Rabat* 35 (1-2): 57-78, 1948.

Richard, Yann. *Shi'ite Islam.* Oxford: Blackwell, 1995.

Rodinson, Maxime. *Muhammad.* New York: The New Press, 2002.

Rodrigues, Nina. *Os Africanos no Brasil.* Brasília: UNB, 2004 [1906].

Rosen, Lawrence. *The Justice of Islam.* Oxford: Oxford University Press, 2002.

Roy, Olivier & Farhad Khosrokhvar. *Iran, Comment Sortir d'une Revolution Religieuse.* Paris: Seuil, 1999.

Saghi, Omar. "Oussama Bem Laden, um Icône Tribunitienne". In *Al-Qaida dans le Texte.* Gilles Kepel & Jean-Pierret Milelli (orgs.). Paris: PUF, 2008.

Said, Edward. *Orientalismo.* São Paulo: Cia. das Letras, 1990.

Schimmel, Annemarie. *Mystical Dimensions of Islam.* Chapel Hill: University of North Carolina Press, 1975.

Sellam, Sadek. *La France et ses Musulmans: Um Siècle de Politique Musulmane 1895-2005*. Paris: Fayard, 2006.

Shahrur, Muhammad. *Al-Kitab wa al-Quran Qira'a Mu'asira*. Damasco: Jami' al-Huquq Mahfuza lil-Muw'laf, 1990.

Silva, Alberto da Costa. "Comprando e Vendendo Alcorões no Rio de Janeiro do Século XIX", *Estudos Avançados* 18 (50): 284-294, 2004.

Soroush, 'Abdolkarim. *Reason, Freedom and Democracy in Islam: Essential Writings of Abdolkarim Soroush*. Oxford: Oxford University Press, 2000.

Ternissien, Xavier. *Les Frères Musulmans*. Paris: Fayard, 2005.

Trimingham, J. Spencer. *The Sufi Orders in Islam*. Oxford: Oxford University Press, 1971.

Turner, Victor. *Drama, Fields and Metaphors*. Cornell: Cornell University Press, 1974.

_____. *Floresta de Símbolos*. Niterói: EDUFF, 2005.

Van Bruinessen, Martin. *The Kurds and Islam*. Tokyo: Islamic Area Studies Project (Working Papers Series 13), 1999.

Van Gennep, Arnold. *Os Ritos de Passagem*. Petrópolis: Vozes, 1978.

Van der Veer, Peter (org.). *Conversion to Modernities: The Globalization of Christianity*. London: Routledge, 1996.

Vargens, João Baptista & Lopes, Nei. *Islamismo e Negritude*. Rio de Janeiro: Setor de Estudos Árabes, Faculdade de Letras/UFRJ, 1982.

Watenpaugh, Heghnar Z. "Deviant Dervishes: Space, Gender and the Construction of Antinomian Piety in Ottoman Aleppo", *International Journal of Middle East Studies* 37 (4): 535-565.

Weismann, Itzchak. *The Naqshbandiyya: Orthodoxy and Activism in a Worldwide Sufi Tradition*. London: Routledge, 2007.

White, Jenny B. *Islamist Mobilization in Turkey: A Study in Vernacular Politics*. Seattle: University of Washington Press, 2002.

Zaman, Muhammad. *The Ulama in Contemporary Islam: Custodians of Change*. Princeton: Princeton University Press, 2002.